你离考研成功，就差这本书（修订本）

张雪峰◎著

北京联合出版公司
Beijing United Publishing Co.,Ltd.

图书在版编目（CIP）数据

你离考研成功，就差这本书 / 张雪峰著. —修订本. —北京：北京联合出版公司，2019. 5（2024.9重印）
ISBN 978-7-5596-2942-5

Ⅰ. ①你… Ⅱ. ①张… Ⅲ. ①研究生—入学考试—自学参考资料 Ⅳ. ①G643

中国版本图书馆CIP数据核字(2019)第037689号

你离考研成功，就差这本书

作　　者：张雪峰
出 品 人：赵红仕
责任编辑：喻　静
产品经理：井思瑶
特约编辑：丛龙艳

北京联合出版公司出版
（北京市西城区德外大街83号楼9层　100088）
北京联合天畅文化传播公司发行
涿州鑫义康印刷有限公司印刷　新华书店经销
字数 230千字　710毫米 × 1000毫米　1/16　18印张
2019年5月第1版　2024年9月第17次印刷
ISBN 978-7-5596-2942-5
定价：59.80元

版权所有，侵权必究
未经书面许可，不得以任何方式转载、复制、翻印本书部分或全部内容。
如发现图书质量问题，可联系调换。质量投诉电话：010-88843286/64258472-800

前言

2024年5月18日，我四十岁了。

在我大学毕业的时候，一个偶然的机会，我进入了考研辅导行业。进入这个行业后的第一个生日，我是一个人在北京三义庙一个出租屋的走廊里（当时我就住在那个出租屋的走廊里）度过的。在那个只有我自己和方便面的晚上，我曾许下过一个愿望，就是希望自己能写一本书，这本书能指引广大迷茫的大学生知道自己的路在何方，更能够为志在通过考研改变自己命运的学子指明方向。

幸运的是，我四十岁时已经出了好几本自己的书，且内容都是帮助在学习过程中找不到方法和方向的广大学子。更幸运的是，有很多学生和家长在看了我的书以后告诉我，我帮到了他们很多，他们很感谢我！其实，我也同样很感谢他们。

这些年，我感谢互联网带给我的变化，我的收入变高了，名气变大了，但说实话，我并没有太大的感觉。有人问我：怎么能没感觉，不享受现在的生活吗？享受谈不上，我自己又不怎么花钱，但是看着我的员工们都能因为跟着我工作日子而变得越来越好，我挺开心的。但我的生活是单调重复的，每天一睁眼就是好多工作，不知道要忙到几点才能结束，我今天还有五公里没跑呢！

话题扯远了，其实我想说的是，真的十分感谢大家对我的喜爱和厌恶，我感谢网络让很多人认识了一个想说真话、敢说真话的我，让我有更多的机会把我的观点和看法分享给更多的人，有机会让我写这本书告诉大家真实的大学生活、真实的考研经历。

由于我的水平有限，如果本书中有错误，希望大家多多海涵。写书不是我的强项，但是一场讲座不可能把大学和考研中的所有事都说完，所以，没听够讲座的同学，看看这本书来了解大学和考研吧，发现错误了就告诉我，我说改就改。我的态度就是我给你们回答问题时的态度，希望对你们有用。

张雪峰

2024年3月20日于苏州

修订本前言

大家好，我是让学习变得更快乐的张雪峰老师。

每当我去录制综艺节目的时候，我总是这样介绍自己。

自从本书的第一版出版以后，我录了很多的综艺节目——《火星情报局》的第二季、第三季，《演说家》网络版，《王者出击》《快乐大本营》《奇葩大会》等十几档综艺节目，很多人觉得我是个娱乐明星或者艺人，很多同学看了我的视频后在微博上关注我，把我跟宋小宝分在一组。上次录节目的时候，碰到了脱口秀说得非常好的池子，池子看见我第一眼说的话是："哎，张雪峰老师，你不是我们脱口秀圈里的吗？"

胡说！

我啥时候是你们脱口秀圈里的了？

我是个老师。

这个身份我永远都不会忘。

然而这两年考研情况发生了特别多的变化，使得本书的内容必须进行一些相应的修订与增补。

这本书的第一版是在2016年9月份出版的。2016年研究生入学考试报考人数是177万，因为2017年全国进行了研究生招生政策的改革（这是本书修订后的重点内容），2017年（入学年）考研人数直接上涨到了201万。2017年暑假，我参加了腾讯视频的网络版《演说家》这个节目。在节目中，我说我是一个考研老师，并向大家讲述了什么样的人适合考研，或者说考研可以带来哪些好处，如果你需要改变的话，考研是一个很好的途径。结果这番话遭到了现场嘉宾的质疑，其中一个嘉宾说“大学生应该在工作中寻找不足，不应该考研”，并且声称自己的企业里没有一个员工毕业于名校。我反驳道：“所以你的企业不是世界企业500强。”这段视频出现后，被网友和各大网站频繁转发，这期节目在腾讯视频的点击量将近2亿，被网友转发的片段的播放量根本无法统计。到现在这段视频每天的播放量仍然非常高，我因为这件事在微博热搜榜上待了两个月，最后直接引发了整个社会关于学历有没有用的大讨论。2018年的考研人数直接上涨到了238万，根据目前的统计，2019年考研人数更是达到了惊人的290万。

每年公布考研人数的时候都会有很多同学跑到我的微博底下骂我，说，张老师，都怪你，你要是不火，哪有这么多人考研。甚至有的人说，要是没有考上研究生，他就跑到北京弄死我。当然，我没有被弄死，但是这个锅我不背，考研人数上涨最主要的原因是考研政策的变化，我在网络的爆红并没有起到多大作用。

考研政策的变化主要产生了两方面的影响。

一方面，研究生招生人数随之水涨船高，达到了70多万。其中专业硕士招生人数上涨得非常快，成为我国研究生招生的主力军，而专业硕士在2008年入学年招生人数只有5万多人。

另外一方面，从2017年入学年开始，应届生也可以读非全日制研究生，也就是读在职研究生，而原来应届生是不准读在职研究生的。而且，2017年入学的非全日制研究生已经在找工作的时候遇到了种种问题。而应届生如果有机会读研，或者有机会调剂到读在职研究生，要不要选择非全日制研究生已经成为一个要面对的问题。目前，不管是老师讲课还是在已出版的图书中，都没有提出这个问题该怎么解决。本书将在研究生分类的章节中首次提出我个人的看法。

最近我读的另一本书让我认真思考了另一个问题：同学们考完研究生，怎样才能成为自己想成为的那个人，怎样才能成为对这个社会有用的人？这本书就是吴军老师编写的《大学之路》第二版。

我并不认识吴军老师，也没有去听过他的课，但是我真的替所有的学生感谢吴军老师在教育事业上做出的贡献。

实际上，《大学之路》并不是一本教你怎么考研的书。吴军老师的女儿在美国面临选择大学的问题，吴军老师就带着他的女儿考察了美国和英国很多著名的大学。在《大学之路》这本书中，吴军老师介绍了英美两国培养大学生的模式，并且拿来跟中国的大学生培养模式进行了简单的对比。

通过吴老师的书我才了解到，中国大学培养学生的模式其实是德国的“洪堡”模式，也就是以培养专才为目的。而在美国，大多数大学在本科阶段进行的实际上是“纽曼”模式，是以培养通才为目的。不管是“洪堡”模式还是“纽曼”模式，特点、优点、缺点都是存在的，确实值得我们反思。而在目前的中国，我们的高考政策也在发生变化，比如由原来的文理综合变成了3+3模式，也就是在学好语文、数学、外语的前提下，在思想政治、历史、地理、物理、化学和生物（浙江省还有一门技术）六门课中任选三门。从实际情况来看，很少有高中生直接选择原来纯粹的理三门或者文三门，这样看起来，我们在高中阶段就开始倾向于“纽曼”模式，但是选择的科目跟未来报考的专业是严重挂钩的，似乎又强化了培养专才的“洪堡”模式。

高考政策的这一改革其实已经跟我们考研的学生没有关系了，但是我想，我们应该学会在大学期间平衡和拓展自己的能力，所以，在修订本书的时候，我对第一章进行了大幅度的更改，对大学生的大学生活重新提出了我自己认为更合理的建议。

上述两点是本书在第一版基础上做出的较大的改动，其他的政策变化也将体现在新版中，附录的表格也做了更新。

总之，希望新版能够给大家带来更多的考研知识，能够帮助更多的考研学子，这是本书改版的最终目的。

祝大家考研成功，金榜题名。

张雪峰

2019年1月

初版前言

2014年5月18日，我年满三十岁。

在我大学毕业的时候，一个偶然的机会，我进入了考研辅导行业。进入这个行业后的第一个生日，我是自己一个人在北京三义庙一个出租屋的走廊里（当时我就住在那个出租屋的走廊里）度过的。在那个只有我自己和方便面的晚上，我许下了两个愿望：一个是在三十岁之前结婚；另外一个愿望就是希望自己能写一本书，这本书能指引广大迷茫的大学生知道自己的路在何方，更能够为志在通过考研改变自己命运的学子指明方向。

幸运的是，我在三十岁的时候遇到了一个美丽的女子，我与她步入婚姻的殿堂，并且有了个可爱的孩子。写书的事情在今年终于提上了日程，而在写书这件事情上的转变就源于那段爆红网络，据说综合点击量超过一亿次的视频。

最开始一段名为“35秒解读34所中国名校”的视频在“今日头条”这款App上点击量超过3万。6月2日，一段名为“德云社‘毕业’的牛×老师7分钟全面解读34所985考研名校”的视频在“今日头条”上点击量超过7万。3日上午，微博上开始疯传我那段视频，基本上源于“冷笑话精选”

这个微博账号转发我的视频，其粉丝量1600多万，使得这个视频广为传播，“秒拍”App在当天下午居然推送我的视频；晚上，腾讯新闻、新浪新闻等各大新闻类App、视频类App，开始推送我的视频。4日早上，我的整段视频甚至在网上的所有视频，开始被各大网站转载；紧接着，我的这段讲座视频上了传说中的B站，加入了所谓的鬼畜豪华套餐，一时间，表情包、视频剪辑全都出来了。5日，我的这段视频正式收入国外的YouTube和海外华人最大的在线社区“文学城”，我从国内火到了国外……

说实话，在爆红的这段时间里，我什么感觉都没有。有人问我怎么能没感觉。我是真的没感觉。我只是做了一件一直在做的事而已，你想让我有什么感觉？

我想说的是，真的十分感谢大家对我的喜爱和厌恶。我感谢网络让很多人认识了一个想说真话、敢说真话的我，让我有更多的机会把我的观点和看法分享给更多的人，有机会让我写这本书告诉大家真实的大学、真实的考研经历。

我每年面授的讲座有300多场，足迹几乎遍布中国所有大学。每年听我讲座的学生（包括视频）有十几万，现在可能更多。我可以说，没有人比我更了解大学生，我所说的了解，说的是了解各种院校的大学生——“985”的、“211”的、普通高校的，“二本”的、“三本”的我都去过，对于他们的迷茫和需求我是最了解的。使现在越来越多的大学生迷茫的是什么？其实，原因方方面面，一句话两句话根本说不全，所以我想写这本书，送给那些即将读大学、正在读大学、将来想通过考研改变自己命运的人。我真的非常珍惜这个机会。所以我将在这本书中把我对大学生读大学的建议、我对考研的认知一股脑儿地奉献给大家。

国家研究生招生考试，简称“考研”。自我国1978年恢复研究生招生，到2016年已经走过了将近四十个年头。报名人数从刚开始的几万人达到最高峰将近180万人（2016年考研人数177万，2017年考研人数可能会因为我的视频爆红网络而出现小幅度的上涨)，录取人数也从最初的不到一万人上涨到如今的50多万。三十多年来，多少人一路风雨兼程，多少人为硕士研究生这个文凭而努力奋斗，又有多少人因为硕士研究生这个文凭改变自己的命运。我想，只有那些走在路上和已经走过的人才有话语权。

一句话，都不容易!

我做这个行业已经快十年了。从刚开始自己做考研辅导班代理，帮助同学们找信息找资料，到进入这个行业成为一名咨询老师，直到现在每年讲课300余场，直接或者间接接触学生几十万人次，当我面对这些同学的时候，我发现大家的问题都非常相似。总结一下，就是这四点：第一，我的大学应该如何度过；第二，我到底要不要考研，考研都考啥，考研是怎样的流程；第三，我到底该报考什么样的学校、什么专业；第四，考研这几科我到底该怎么学。

我这本书给大家解决的也就是这几个问题。

我不是学文学的，不会用华丽的辞藻，有的就是实惠的语言和真诚的劝告。我的写作方式也相对独特一点，看过我视频的朋友都知道我擅长的是说，我跟别人不一样，有的时候我说得出来，但是写不出来，所以行文比较口语化，希望大家能够在看这本书的时候配合着想想我说这些话的语气和表情，这样，你不但买到了一本书，还得到了一张我的讲座光盘!

由于我的水平有限，如果本书中有错误，希望大家多多海涵。写书不是我的强项，但是一场讲座不可能把大学和考研中的所有事都说完，所以，没听够讲座的同学，看看这本书来了解大学和考研吧，发现错误了就告诉我，我说改就改。我的态度就是我给你们回答问题时的态度，希望对你们有用。

闲话少叙，各位看客，跟着我来了解大学、了解考研吧。

张雪峰

2016年7月14日于富裕县

目录

第三章 考研复习前你要知道的事情——考研基本常识

第四章 考研都考些啥，怎么复习？

第五章 考研全流程介绍

附录

第一章

我们的大学应该怎样度过？

1. 大学是你进入社会的一个缓冲期

我的这份工作让我接触了中国千千万万的大学生，其中很多同学不考研，也成了我的朋友。每当他们毕业的时候，我就问他们："你们大学毕业了，都有什么感想啊？"同学们给我的回答是这样的：

学生一：时间过得太快了，一眨眼就过去了。

学生二：大学就是一个从路人演变成女神的过程。

学生三：迷茫，我工作还没有着落呢。

学生四：我是来上大学的，可是发现是大学上了我。

…………

让大学给"上"了……

你有这样的感觉吗？

有也正常，事实上很多同学上大学后疯玩了一年就开始迷茫了，班级不像班级，同学关系没有之前那么紧密了，想谈恋爱可以谈，爹妈都不在身边管着了。班主任也不见了，辅导员管得根本没有班主任那么上心。几乎没有人在乎你的感受，完全就是放任你自己一个人爱干吗就干吗。"挂科"没人管，四、六级不过也没人管……但是，同学，你都上大学了，还想让别人把你当小孩子一样管着吗？

大学是人生中一个非常重要的阶段。这是在爸妈保护下，在学校监督下，你进入社会前的一个缓冲期，可以说这四年很有可能决定你的一生。

大学生活是丰富多彩的，学习方式和学习模式跟高中有很大的差别，大学生活是从纯粹的学生时代到社会的一个过渡期。在美国，好的私立大学本科四年除了教授一些知识，更加注重的是将大学生培养成社会人——注意，不是小猪佩奇和昆山“龙哥”那种，而是能够在社会上立足或者脱颖而出的人。这个目的甚至比你在大学期间学了多少知识、掌握了多少安身立命的技术更为重要。

在美国，通常情况下大学阶段前两年是不分专业的，不管学生将来学什么专业、从事什么职业，美国的大学都会要求学生在自然科学类课程和社会人文类课程中进行选择，并且不能全都选自然科学学科的课程或者社会人文学科的课程，目的就是保持学生的学科知识的平衡，不能让学生成为在某一个领域是专家，而对于其他专业啥也不懂的人。这一点在中国的大学中也有所体现，但是并不是强制执行。比如，中国的各个大学都会开很多很多的选修课，以拓宽学生的知识面。但是，实际上，选修课在中国大学生眼里是不得不选的所谓的负担。这本身就需要中国的大学生做出改变。如果看这本书的时候，你是大一或大二的同学，希望你好好利用学校的选修课来补充自己其他方面的知识。

另一方面，美国的私立大学实际上都是小班教学，在美国的大学排行评价体系中，一个老师教多少学生是会影响到其所在大学的排名的。中国很多大学招生人数之多令人咋舌，根本做不到美国的小班教学。实际上，在美国的公立大学里，也存在着跟中国大学一样的现象，也就是一所好的大学拥有各种资源，但是学生太多，那么人才怎样才能脱颖而出呢？那就要靠积极主动地表现自己，让老师记住自己。

关于这一点，我们很多同学是做不到的。原因很简单，就四个字——

不好意思。

有啥不好意思的？

有的人问我：张老师，你口才咋这么好？我说，因为我勇于丢人，从小我就不怕丢人，该怎么表现自己就怎么表现自己。丢人算啥？你要敢于丢人，至于别人怎么说你，随意。

拿我的讲座来举例子，每次我的讲座参与人数都非常多。我深深地知道，这么多人过来听我的讲座，里面肯定有人觉得我是个傻子、讲得不好。但是你在乎他们干什么？有的时候我在网络上说了什么话，经常引起非议。对于错误，有则改之，无则加勉。但是，倘若他们谩骂我、诋毁我的时候，我就盲目地怀疑自己，这其实不是什么好事。

那么，你又为什么在意别人的眼光？这一点，对你考研也很重要。

比如，很多同学苦于在想报考的学校找不到认识的师兄师姐，苦于复习资料的收集，经常问我怎么办。其实你们忽略了一个最重要的资源，那就是你们现在的老师。你们年轻一点的老师基本上都是博士毕业，最差的也是硕士毕业，你们完全可以去打听打听那些老师毕业于哪些学校，其中有没有从你们想报考的学校毕业的，打听打听他们的考研经验。保研的同学也完全可以找老师，跟老师搞好关系，这对将来你的导师给你写推荐信很有帮助。对立志搞科研的同学来说，如果想去跟老师做项目，那么该跟老师提就跟老师提。有的人会说，张老师，我要是跟老师走得很近，其他同学会不会认为我是马屁精？会不会对我有别的想法？他们爱咋想咋想呗，你得到了你想得到的就好。

说了这么多，那么如何把握你自己的大学生活，咱们今天就聊聊。

多读书

其实我刚才在说口才好的原因时少说了一项，那就是除了要有勇于丢人的“不要脸”精神，还要多读书。东北人里口才好的不少，经常有记者问我：张老师，你口才这么好，是不是小时候练过？我说，把你扔东北待三个冬天，你口才也会好。记者问：为啥？我说，我们东北那边冬天外面太冷，不能出去玩，屋里有暖气，就在屋里侃大山呗。但是，你能说却说不到点子上，在东北叫“能白话”，距离口才好还有十万八千里。想让口才变好，就得靠看书。

每次我们搬家的时候最难搬的就是书，因为书实在是太重了。但是我唯一舍不得扔的就是我的书。在我家里甚至有我上大学时买的杂志——是的，我连自己买的杂志都舍不得扔。

其实书是补充我们平时所学专业以外的知识的最重要来源。我高中是学理工科的，因为从我高中的考试成绩来看，理、化、生三科的分数要比史、地、政三科的分数高。但是我平时什么书都看。

历史书，我看，毕竟以史为鉴。《流血的仕途》让我了解到了李斯从一个管粮仓的小官是怎么一步步走上巅峰，又是如何走上被腰斩的命运的。对《明朝那些事儿》系列书，我的评价是，看一遍了解明朝历史，看两遍能够领悟人生，看三遍能够改变人生。《太平洋战争》让我知道了日本这个国家的变化，大清王朝是1840年被英国打开国门的，而日本是1853年由美国的佩里将军打开国门的。也就是说，中国比日本早意识到差距十三年，但是在1894年的甲午战争中日本人打败了中国人，这中间发生了什么事情？后来日本为什么招惹美国去偷袭珍珠港，美国又是靠着什么、怎么一步步打败日本的，这些史实让我意识到了很多很多的东西。

经管类的书，我也看。《激荡三十年》让我了解到了中国是怎样从一个贫穷落后的国家，经过改革开放，一步一步变成现在这样一个繁荣昌盛的国家的。《大败局》让我了解到了当年红极一时的企业怎么一下子就不行了，他们当时都是犯了怎样的错误。《史玉柱自述：我的营销心得》是史玉柱自己口述而成的书。曾经有记者问比尔·盖茨：假如你现在刚刚大学毕业，或者遇到什么事情让你离开了微软，你还能不能重新缔造出一个微软来？比尔·盖茨说：只要让我带走几个人，我照样可以再造个微软出来。实际上，他并没有出现大起大落的情况。而在中国的商场，有两个人——一个是现在融创中国的老总孙宏斌，另外一个就是我前面说过的史玉柱，都是从辉煌一时到走到低谷，然后又爬起来，到达比以前更高的高度。这种人是我十分佩服的。如果大家将来想成为商人，一定要看这些人自己写的书，而不是别人写他们的书。这种书有很多。

我也喜欢看心理学方面的书。《天才向左，疯子向右》让我知道了那些精神病人的世界是怎样的，有些时候你会发现我们这些所谓的正常人其实可能真的很不正常。《怪诞行为学》让我明白了消费者在选择一款产品的时候，到底是什么让他们做出了最终的选择。

我也喜欢看小说，小说里面有人生百态。《沧浪之水》是我认认真真看完的第一本小说，这本书让我知道，当你身边出现一个你可能认为不如你的人，你的心里会产生怎样的变化，而这个变化是怎么一步步影响、改变你的行为的。《嫌疑人X的献身》让我知道了爱的力量多么伟大、多么诡异，又是多么可怕。

日后我会出一本书介绍我自己的读书心得，有兴趣的同学到时候可以看看。

总之，我建议大家多看书，尤其是那些你大学专业以外的书。对所学专业再精专的人，往上走也要用到很多很多其他方面的知识。

2.10—30—60 朋友理论

上大学另外一件比较好玩的事情就是你会认识全国各地各种各样的人。当年我们宿舍有两个河南人、一个黑龙江人、一个浙江人、一个河北人，还有一个就是我视频中说的那个比我分数还低的云南人。当然班级里还有来自全国各地的同学。而全校更是哪里的人都有。在大学期间，跟我们朝夕相处的是同宿舍的兄弟或者姐妹。还有一个班、一个专业、一个学院的同学，我们认识的人越来越多。从上大学开始，你才进入了一个真正的所谓的社会，爹妈不在旁边，亲朋好友也几乎都不在。不像你在家里，不管发生什么，都有爹妈、朋友帮你一起扛。在这陌生的城市、陌生的环境下，你怎么处理人际关系，怎么跟辅导员、团委书记、系主任、副院长甚至院长搞好关系，是一门很大的学问，就像在一家公司里你跟直属领导、上层领导、公司老板怎么沟通与相处是一个道理。大学就是一个小社会。

咱们现在来聊聊这个话题。

（1）兄弟和朋友的区别

注意，“兄弟”和“朋友”这两个词是有差别的。

我这个人平时最大的爱好就是看书，关于兄弟和朋友的见解，我最佩服的是万通集团董事长冯仑先生的观点。

冯仑先生在《野蛮生长》（强烈推荐所有的同学去买这本书，这本书对我的影响非常大，我觉得这是我看过的最好的一本书）中，讲述了一个10—30—60的朋友理论。

10是什么意思呢？就是当你拿起手机，遇到一件最恶心的事情——缺钱。这个时候你要找人借钱，你看看电话号码本，你跟谁借钱呢？打了一圈电话，你发现也就10个人左右毫不犹豫地给你转账。这些人里包括你的父母和亲戚。我刚才看了一下我的电话号码本，包括父母、亲戚在内，要超过10个人。所以，我对这个理论稍微升华一下，除去父母、亲戚，可以毫不犹豫地借给你钱的这10个人就是你的兄弟，是你在任何时候都可以依靠的真兄弟、真姐妹。如果你的这10个名单人员超编能达到20个，那说明你的人际关系相当牛。如果你这个名单中凑不够10个人，那就要想想自己是不是哪里出了问题。这种人越多越好，少了绝对不行！

30是指可以称为熟人、朋友的，经常在一起吃饭、喝酒、逛街，但是没有金钱交往。可能这30人还要包括前面的10人。而60是所谓的熟人。你拿起手机通信录一看，哦，我认识这个人，曾经在一起吃过两次饭，是谁谁谁的什么关系，打起电话来记得住这个人，大概了解他的背景。

所以，人这一生不需要太多的关系就应付得了。需要花精力去了解的人，不会超过60个。只需要把这60个名单每天都盘好就够你用的了，不用像有的人，天天在外面吹牛说自己认识多少人。一个人最聪明的地方就是做重点的极个别的长期投资，你得到的回报可能要大大高于泛泛的交往。

（2）什么样的人值得交往呢？

其实在校园里人际关系也是这样的。

你们学院里那么多人，你们班上也不少人，你们宿舍可能有六个人，可能有八个人，可能有四个人，那么你要投资谁呢？这就要看人看得准。不是说我们交朋友很势利，而是有的人真的不值得交。

什么样的人不值得交？当你认识一个人，这个人是否值得你投资，那就要看他身上有没有别人没有的东西。例如，当年马云创建阿里巴巴，

“十八罗汉”全力合作，甚至不拿工资，这就是一种投资。话说回来，这个人身上有没有一项特别强、你所认识的人都不具备的本事？

比如认准一个东西就特别爱钻研。我当年有个同学——下面我也会说到——这个人当年学水利水电工程，学习成绩那叫一个差，差到已经形容不了了，简直就是差到极点，挂科如麻。但是这个人有几个超级牛的特点，首先英语超级好。别看他天天挂科，但是他每年都能拿全国大学生英语能力竞赛的一等奖！其次，他对计算机特别精通，别人逃课打游戏去了，他却逃课在宿舍里钻研计算机操作系统，钻研计算机代码。他绝对是一个计算机天才，绝对该学计算机去。这哥们儿的口才也相当了得，是我们学院辩论队的三辩。虽然这个哥们儿跟我不是一个专业的，但是我跟他关系特别好，我们都是性情中人。

再比如我现在的创业伙伴康老师。他的最大特点就是遇到一个陌生人，马上就能让这个人非常认可他。我们拿到第一笔投资就是因为他的个人魅力起到了关键的作用，这一点我就做不来，所以当年我去那么多地方做讲座，认识了那么多各地学校的校长，我就觉得他特别与众不同，我就大力地支持他，最后我们成了创业伙伴。

那么正在看这本书的你，此时放下书想一想，在你身边有没有这样的人，他身上的某一个特点或特质令你特别佩服，周围的人都不具备这种特质，那么这个人就值得你投资。

当然不能把交朋友看得太功利。其实人对人就是一面镜子，你对别人笑，别人就会对你笑，你怎样对别人，别人就会怎样对你，所以交朋友的时候一定要以诚待人。不要想着什么事情都去找平衡，“吃亏是福”这句话不是说说而已。对待一个人，首先要想着怎么吃亏，人对人就是这样，你吃亏了，他对你有没有愧疚、感激之情呢？如果你对待一个人时吃亏一次，吃亏两次，吃亏三次，那个人觉得你傻，觉得你吃亏是应该的，那么就让那个人滚蛋，滚得越远越好。

你明白我想要说的了没?

实际上，在国外，上大学期间交朋友是上大学最重要的目的之一。在牛津大学、剑桥大学，以及普林斯顿大学，为了方便大家能够认识更多的朋友，尤其是更多不同文化背景、特长的同学，学校首先在招生环节就会招收有各种特长的学生，再根据学生们不同的特长、特点、专业，将大家分到同一个宿舍或者宿舍楼，这就是美国著名的大学期间的学院制。很多人看到学院制就说了，张老师，我们也有学院啊，我们有机械工程学院、土木工程学院什么的。但是，请大家注意，国外的学院制是在住宿和生活上的学院制，目的就是让大家能够跟不同的人交流、学习，跟在其他方面比自己强的人学习，以达到相互促进、促使人才全面发展的目的。而国内的大学大多数是将同一专业的人安排在同一个宿舍。这样做的好处是会让同一个专业学习好的同学有机会帮助学习不好的同学（当然也有可能是学习不好的人把学习好的带坏了，这样的事情每天都在中国的大学上演），但是这样一来，学生在非本专业的知识方面并没有得到提高，如果自己不主动参加学校组织的各种活动的话，认识其他专业背景的人是非常困难的。

这个时候就需要我们自己主动出击，多交一些朋友。比如参加大学期间各种各样的社团活动。估计现在大二、大三的同学会对刚上大学那段时间著名的“百团大战”记忆犹新，学校各种各样的社团让我们应接不暇。社团活动，除了会让我们更了解自己的兴趣，同时会锻炼我们的管理能力、领导能力、演讲能力，甚至是销售能力。除此以外，认识更多的朋友，尤其是其他专业背景的朋友，也是我们的目的之一。特别是那种互补型的朋友，也许是我们将来的创业合作伙伴。（这里说的不仅是专业互补、性格互补、能力互补、特长互补。举个例子，我是不喝酒的，对酒精过敏，但是我的创业合作伙伴特别能喝。）

3. 如果我所学的专业我不喜欢，怎么办？

我的视频火的时候正好赶上2016年高考，因为那段视频流传得太广，再加上很多家长和同学信任，很多人咨询我高考报考的问题。在我回答这种问题的时候，很多学生和家长跟我提出冲一冲名校。殊不知，这种做法实际上对孩子造成的结果可能是上了大学，结果学了一个自己很不喜欢的专业。还有很多同学因为当年对报考技巧不了解，被调剂学了一个自己一无所知的专业。更悲惨的是，很多同学的专业是自己选的，但是上了两年大学才发现这个专业跟自己想的完全不一样。当然，这几种情况的结果是一样的，就是上大学上得可能无比痛苦，痛苦到不愿意上课，最差的结果是可能得不到学位证，甚至得不到毕业证，甚至丧失对人生的自信和希望。这种事情几乎每天都在发生，只不过大多数人的结局没有到最糟糕那一步。

但是，社会就是这样，它是让你适应的，或者说，它是让你先去适应，然后通过努力慢慢去改变。面对这种困境，我们该怎么办？

（1）转专业的机会

在大学期间转专业的机会一共就两次，一次是大一（有的学校放宽到大二）努力学习，申请转专业；另一次就是我干的行业了——考研。

根据教育部的规定（《普通高等学校学生管理规定》第二十一条），大学生进校后，符合条件的可转专业（系）：

学生在学习期间对其他专业有兴趣和专长的，可以申请转专业；以特殊招生形式录取的学生，国家有相关规定或者录取前与学校有明确约定的，不得转专业。

学校应当制定学生转专业的具体办法，建立公平、公正的标准和程序，健全公示制度。学校根据社会对人才需求情况的发展变化，需要适当调整专业的，应当允许在读学生转到其他相关专业就读。

休学创业或退役后复学的学生，因自身情况需要转专业的，学校应当优先考虑。

但在实际操作中转专业还是存在种种限制。首先是院系限制。转系要得到双方院系许可，一般转入的院系还会组织测试（重点）。不是所有院系都接受转系申请。一般而言，在本系内转专业或者转入冷门专业要相对容易一些。而一些比较热门的院系，如经济管理系、计算机系、心理学系等，对转入学生的成绩要求很高，名额也特别少。除非学生特别优秀，否则想转到这些热门院系，几乎不可能。其次是名额限制。各高校规定的转系名额，一般是全年级总人数的10%~20%，有的更低。但入学后有一半左右的大学生会觉得自己的专业有问题，那怎么办？

第二个就是通过考研去转换自己的专业。有的人问，跨专业是不是很难。我想说，事在人为。

关于跨专业考研，我在后面会说到。

（2）关于专业的就业对口性

首先解释一下什么叫“专业的就业对口性”。说白了就是学了这个专业将来到底要不要干这个。有的专业，你学了，毕业后八成就干这个了，或者不一定干这个，转行业的可能性很大。

其实学人文学科的干本专业的真不多，比如学哲学、政治学、思想政治教育、中文、外语、法律、经济学、工商管理等专业的。对，你可以理解为上大学期间不学数学或者不怎么学数学的专业，本科毕业后干本专业工作的比例其实不会特别高。但是，如果你学的是理、工、农、医这类自然科学学科专业，基本上毕业后就干这个了，这种专业跨专业跨行业就业其实是比较困难的。尤其是学医的和学工科的，像我这种学工科结果做教育的纯属意外。学了这类专业，不喜欢也得学好，因为你学到的东西很有可能是你将来挣钱养家的技能。

但是，有的人说：老师，我确实不喜欢干这个行业，我就喜欢干某某行业，又没有办法转专业，怎么办？那你只能做一些与你想干的工作相关的兼职或者考一些相关的从业资格证。比如你想做会计，可是你不是学会计的，那你可以在大学期间考会计的相关从业资格证，并且去找一些相关的兼职。比如你学工科，将来想做一些新闻类的工作，那么你可以想办法申请进入学校的广播站或者记者站，通过这样的锻炼更多了解你想进入的行业。但是，不管你做什么兼职，一定要多思考。

如何在做兼职的过程中学到更多的东西，我会在后面讲到。

4. 上大学要做的兼职和在找工作时发挥的作用

这是一个值得深入探讨的问题。

（1）做兼职是为了什么？

我说过，上大学是跟社会接触的一个缓冲地带，但是学校毕竟是学校，想深入了解社会的话还是要做一些所谓的兼职的。在做兼职的过程中，我希望，不管是学生还是家长，都能明白做兼职的目的是什么。是为了让孩子吃苦？不，如果为了让孩子吃苦，你到我们东北大农村，从一个县走到另外一个县就行了。不就是吃苦嘛，不一定通过兼职做到。是为了让孩子赚钱吗？更不是。如果说赚取一些生活费，其实难度不大，一个月一千多块钱，干啥都能挣来，不是吗？但是，如果把这些时间用来学习或者做提升自己的事情，你未来会挣更多的钱，如果你做兼职是为了挣钱，那你就太短视了。那么做兼职是为了什么？为了长见识，为了提升自己，为了接触社会！

大学中兼职的机会其实非常多，比如发传单、做家教、辅导班代理等。而各位同学一定要明白什么样的兼职“有营养”，做兼职该怎么做，怎么提升自己。

（2）如何在做兼职的过程中提升自己？

先说一种我个人觉得最没有营养的兼职吧。做家教！做家教是最没有营养的兼职，除非你对自己的规划是做老师，你可以提前熟悉一下如何能够让孩子理解你所讲解的知识点，否则你能在做家教的过程中获得什么呢？一点钱，还有就是对这个城市的交通很了解，因为每周要挤公交车去做这份家教。除此之外，你还能获得什么？

其实做兼职最关键的就是要动脑子，举两个例子吧。

比如，做服务员（因为我开过饭店）能不能学到东西呢？当然，首先这份兼职很辛苦。其次，你有没有想过，如果你是这家店的老板，你会如何经营？比如这个时候有客人来，你去接待，让客人点菜。有的客人很明确，要吃这个要吃那个，但是很多客人把菜单翻来翻去，不知道要点什么菜，这个时候服务员就可以推荐了。那你推荐什么菜呢？（大家先别往后看，想一想。）首先要推荐的是什么？利润高的菜。老板开饭店追求的不是人气，追求的是利润，做服务员就要了解所在饭店的特色菜、厨师的拿手菜，当然最重要的是利润相对较高的菜，毕竟我们进行商业活动最重要的目标是盈利。可惜很不巧，这个利润高的菜，客人忌口，不能吃或者不爱吃，怎么办？再推荐什么菜呢？上菜速度快的菜。为什么？因为上菜速度快会提高客人的满意度。想一想，你在一家饭店吃饭，点了许久的菜就是上不来，你就明白其中的道理了。这叫什么？这叫分析你的消费者。

再比如，我是做考研辅导班的，这个时候我让你去发传单，你去哪里发？怎样找到要考研的学生？有的人说去食堂发。你觉得这样做是正确的吗？去食堂吃饭的人，大一、大二、大三、大四的都有，大四的报辅导班的早就报完了，大一的新生考虑考研很有可能，但是让他们报辅导班是不是有点早啊？有的人说，去图书馆。其实去图书馆跟去食堂的道理是一样的，你根本就判断不出来谁是大几的、谁是你的目标客户。那应该去哪里呢？首先，应该去每个学校的考研自习室。据我所知，每个学校都有自己的考研自习室，专门为考研的同学开放。当时我们学校就有两栋楼是考研自习室，从一楼到六楼坐得满满的，甚至有的人就住在考研自习室里。第二，可以去大二、大三的学生寝室，而且一定要相对晚一点或者早一点去，一定选择人都在的时候。你不让我进寝室，但是你早上从寝室出来上课的时候，我站在宿舍楼门口没毛病吧？第三，最精准的就是找到你想宣传的你们学校的考研大户专业，比如这个学校学生物的几乎都考研，那么就想办法得到生物专业的课表，在他们下课都往外跑的时候，你就可以站在他们教室的门口，保准他们一个都跑不了。

还有一点就是，大家不管是在做兼职的时候还是正式工作的时候，一定要站在一个相对高的位置去思考一件事情，而不是做一天和尚撞一天钟。“做和尚撞钟”是你的本职工作，你是员工，领导让你干啥，你就干啥，还得干好。但是领导让你做这件事的时候你有没有想过，如果你是领导，你会怎么做，这个方法一定是最好的吗？有没有毛病，毛病在哪里？如何改进？将来你当员工也是一样的。你是部门主管，你会怎样管理这个团队，老板让你这么做的深层次原因是什么？你只有站在更高的位置看待一件事的时候才会具备更高层的思维，否则你永远只是一个在底层埋头苦干的人。而兼职的经历会在你将来找工作的时候发挥巨大的作用。

（3）如何让你所做的兼职在你找工作的时候发挥更大的作用

不管是在原来的公司还是现在自己创业，可以说我看过无数份大学生的简历，有让我眼前一亮的，有那种我看都不会看的。那么从一个公司管理者的角度来看（此处仅代表我自己，不广泛代表其他人），我看简历最主要看什么呢？其实我就看两点：第一点是照片，第二点是应聘者的兼职经历跟我所招聘的工作岗位有没有契合点。

很多同学的简历不带照片，我不知道这是为什么。我为什么第一眼看照片？如果你看不顺眼的一个人天天在公司晃来晃去的，你会很爽吗？我刚才说过了，男人没有不帅的，女人也没有丑的，最起码你得让我有看见你的欲望吧。你就那么见不得人吗？另外，有的简历有照片，但是拜托你拍得好看一点，那照片拍出来能不能用来给用人单位看，你自己看不出来吗？所以，希望大家在将来找工作的时候一定认真拍一张证件照。有的时候用人单位就是首先看一下这个人是否看着顺眼。求职的人太多了，拜托大家对这个事情一定要重视起来。

光看着顺眼没有用，关键还要看这个人能不能用。这个时候我就要看一下他所学的专业或者他做过的兼职，他的经历跟我公司想招聘的人才有没有契合点。比如我想招聘一名销售人员，他学什么专业的就不重要了，我就要看他大学期间有没有做过销售、销售业绩怎么样。不光是看简历，面试的时候，这也是我重点要考察的。如果我要招聘一个程序员，首先我就要看他是不是学计算机的、编程能力怎么样、有没有相关的作品。别跟我提成绩，现在的大学，那些成绩是怎么考出来的，我估计大家心里都有数，我要的是实战经验。再比如我要招聘一个行政管理人员，那我就要看他有没有组织过一些活动、组织能力怎么样。

你说，老师，我听你的话把我做过的兼职都写上去了。其实我想跟你说，与其你一个月换一份兼职，还不如认认真真做好一份兼职且做一年。你做一个月两个月根本不会对你所做的行业有多少了解，你看着你的经历觉得很丰富，我看着却觉得你没有常性。当年我创业的时候吸引投资，投资方最看重的就是我对行业的执着，我做一个行业做了将近十年，其中八年是在同一家公司工作。在这个行业做了这么长时间，对于行业规则我深深地了解，所以投资方把钱放在我这里是非常放心的。在做院校专业选择咨询方面，为什么我是最专业的？就是因为我这将近十年的时间里每年都会收集各个学校的考试信息，而且这种信息收集工作都是我亲自去做，不管再忙再累、熬夜熬得再晚，我都会亲自去做。所以我敢说，在考研院校专业选择领域，我是最专业的。如果你真的做过很多兼职，那么你的简历一定是多变的。也就是说，你应该按照用人单位的需求去修改你的简历。你看到你心仪的一个公司招聘你心仪的岗位，一定要想想这个岗位最需要你具备怎样的能力，而你的哪份兼职锻炼了你这方面的能力，那么一定要把这份兼职的经历写上去，描述得详细一些。这些才是那些看你简历的人最关心和最关注的。

5. 你在大二的暑假要思考的事情

其实你会发现时间过得飞快，一转眼你都上大学了，一转眼大学都上了两年了，依稀记得自己还是个小孩，还是父母宠爱的对象，一转眼就要毕业了。那么，即将进入社会的你会做怎样的选择呢？考研、考公务员、找工作、出国，还是自己所谓的去创业？或者干脆回家结婚生孩子？

我是做考研培训的，我只是从我的角度和经历去说一下这几种出路。至于如何去选择，各位自己去想一想吧。

（1）创业

现在很多学校都开设了创业课。正所谓万众创新嘛。再加上这个社会的一些原因，很多同学可能会有点浮躁，特别想去创业，成为下一个千万富翁或者亿万富翁。不管是社会还是学校，都在鼓励大学生创业，有的同学脑袋一热，真的就去创业了，甚至借钱去创业。但是，想创业的同学，你现在真的适合创业吗？

按我个人的经验，创业需要三个必备的条件，缺一不可，分别是项目、资金、人脉，当然还有你自己的能力。

有很多同学，家里条件非常好，人脉关系也非常充足，能聚拢一批能力很强的小伙伴，但是这些同学有没有想过到底要干什么呢？做什么项目呢？进入什么行业，这个行业有没有一些内幕，需要怎样的能力，需要多少钱干起来，这些你们都做过调查没有？比如有的人说：老师，我看学校周围饭店都挺挣钱的，我去开家饭店吧。好。首先，你开饭店最重要的是选择地段，好一点的地段早就被别人占了，就算有空地，你有没有算过账，你的预算够不够盘下店面？如果选择一个不好的地段，你做什么才能把人给吸引到你这儿呢？其次，你开饭店去哪里找厨师？新东方？拜托，那种地方的学员你请不起不说，他们也不是真正做炒菜的，你店面小，人家还不一定去呢！当年我开饭店的时候，我和合伙人都不是郑州本地的，还真的傻了巴叽跑到技校去招厨师，后来才发现招厨师根本就不是去那里找。最关键的问题，你的卫生许可证你怎么办？你有没有查过办卫生许可证需要什么样的条件，需要几个工作日审批、人家什么时候来检查，你达不到人家的要求怎么办？当年我在办这个证期间，饭店开始试营业，工商部门直接来查，一看你没有营业执照（饭店的营业执照是用卫生许可证办的），人家啥也不说，也不贴封条，而是直接拿走了我厨房里的菜刀和炒锅！他们拿走的东西倒不值几个钱，但是没这些家什我怎么开张啊？你要开个酒吧，消防这方面就够你跑的。你说要做个App，我跟你说，除非你这个App是别人打死都想不到的，否则开发周期内你每天都得到各种应用市场看看有没有同类产品出现，然后App推广又是个问题。你选择项目的时候一定要看看你的创业项目能不能解决用户的痛点，你解决不好的话，那就都是扯淡。

当然，你没有钱也不行！现在的创业成本其实还是很高的。当然，学校对于办公场地费可能会有一定的减免，但是对各种人力成本、项目开发成本等前提投入，你一定要算好账，看看你的资金适合干什么，别相信那些所谓的创业神话，毕竟那只是神话。而且你敢用自己的钱给员工开工资吗？你会说，我不给开工资，我给所谓的股份。但是，如果你前期股权太分散的话，你发展壮大期间吸引风险投资的时候，这就会是个问题。有的人说可以吸引风险投资，你知道项目计划书怎么写吗？而且现在处在经济低谷期，风投投资以前都会非常谨慎。很多风投明确表示，对大学生的创业项目，基本不会投资，因为大学生缺乏对行业的理解和了解。预期投给大学生不如投给在相应行业有一定从业经验的独立创业者。找风投就是个漫长的过程。

人脉指的是两个方面，一种是真正的所谓的人脉，这个就不说了，话题太敏感。相信大家这么大了都多少懂一点。另外一种人脉说的就是你能不能吸引一些跟你志同道合并且愿意听从你的小伙伴。创业早就不是一个人的事情了，各个环节都需要能力强的人去做相应的管理和具体的工作，如果你的人格魅力不够大，成不了领头羊，这个羊群要么散掉，要么被狼吃掉。

我不是说不能创业，而是你要想好了自己是否适合创业。我现在也是个创业者，我是在这个行业从业八年之后，对这个行业有一定的自己的理解，找到行业的痛点才进行创业的。我自问有没有把房子卖掉给员工发工资的魄力，答案是没有，那我就去吸引风险投资。吸引了多少家我不记得了，发了多少邮件我也不记得了，谈过好几家，最后敲定一家，整件事花费了我一年时间。这一年时间，我和我的创业伙伴都是没有工资没有分红的，就靠着这股劲儿撑了一年，终于拿到了风险投资，日子才好过一些，我们才开始招兵买马。所以，我个人建议创业的最佳时机应该是你在某一个行业干了五年左右，对行业有自己的理解了，再说你敢不敢创业的问题。

个人意见，纯属个人意见，仅供参考。

（2）出国留学

出国留学的不都是有钱人，也有穷人。

有钱人咱就不说了，人家可以用各种姿势去自己想去的国家。那没有钱的同学怎么办呢？首先，你要对申请国外大学的研究生的流程有一定的了解，平时的托福、雅思成绩都是必需的。其次，各个国家各个大学对学生的要求都不一样，这就跟面试是一个道理，你想申请哪个学校，就要变成那个学校想招收的那种人。本人不是做出国留学的，就不在这里班门弄斧了。

当然，另外一种方式是通过考研参加学校的一些出国留学项目，做交换生出去。

我想说的是，同学，我想问你，你出去后你还回不回来？如果你想回来的话，请在国外工作一段时间再回来。现在留学生回国已经不是“海归”风光的时代了，早就已经变成遍地“海带”了。如果你想回国找份不错的工作的话，最好在国外工作一段时间，这样你回国的话找工作会有个不错的结果。否则，你出去就回来很有可能还不如在国内读研究生。

（3）考公务员

首先，我不是做公务员考试辅导的老师，以下只是纯粹的个人理解和个人看法。

每年都有同学跟我说，张老师，我要考公务员，我不考研。其实大家应该知道，除非你考的是国家公务员，考公务员实际上和考研是并不冲突的。

据我所知，理论上公务员考试有三种。

第一种叫作国家公务员考试。这种考试的复习时间实际上跟考研是有冲突的，一般情况下是每年11月底考试（考研通常是在每年12月底考试）。而国家公务员考试因为报考人数众多，高手云集，竞争极为惨烈，每年大多数有心考公务员的同学只是将国家公务员的考试当作一次练兵，考上当然好，考不上的话，将精力放在下一次可能他们最看重的公务员考试，也就是省公务员考试。每个省公务员考试的时间不一样，看这本书的你们可能来自全国各地，每个省份具体的报名时间和考试时间是不同的，详情可到网上搜索。极个别省份的省公务员考试复习时间跟考研的复习时间是重合的。最后还有一种所谓的公务员考试，叫作事业编考试。所谓事业编考试就是国家或者地方上的一些事业单位的编制考试，比如教师招考、电力系统招考等。

近两年，伴随着考研热的就是考公务员热了。

而客观地讲，考公务员真的不一定适合所有人。

首先，公务员考试现在对本科应届毕业生实际上并不欢迎，越来越多的工作岗位要求有两年的社会经验，只有真正了解社会的问题，才能更好地为人民服务。其次，现在很多岗位都要求有一定的专业背景。而不要求专业背景、不要求有工作经验、不要求学历的工作岗位要么可能工作条件不好，如果工作单位、工作条件稍微好一点，又什么要求也不提，就极有可能出现报考超级集中的现象。仔细研究一下这几年国家公务员考试和各个省的省公务员考试，你会发现，报考热度特别高的岗位往往就是这样的岗位。如果你想竞争者的人数稍微少一点，可能只有提高学历这一条路了。限制的条件越多，符合条件的人越少，竞争者也就越少。

其实难不难考都是次要的，重要的是，你真的想去一个小城市默默无闻地贡献你的余生吗？如果你真的要回到你们小县城，回到你的家乡，你有没有想过你以后的生活是什么样子？当然，我不能否认很多同学毕业后要回到县城奋斗，要去建设自己的家乡，但是在这之前，年轻人应该在大城市历练一下，有了更多的见识和更广阔的视野，才能在人生这条路上走得更远。

现在很多已经考上公务员的朋友在看完我的视频之后纷纷表示要回过头来考研，我就纳闷啊，你们不是在政府机关待得挺好的吗，怎么想起来要考研？

他们说，第一，现在的公务员想做领导，学历还是比较重要的，确实是学历高，升职比较快。在竞聘很多岗位的时候，学历低成了绊脚石。而更多的人想回炉校园的原因都是觉得工作太无聊，生活太单调。有个女生跟我说过这样一句话："老师，我考上公务员，其实我家里都挺开心的。我开始的时候觉得在家里在父母身边也挺好，可是我上班一个星期，我就知道我老了以后是什么样子了，我觉得这不是我想要的生活，太单一了！最要命的是，在我们这个县城，我想找个对象太难了，根本就没有合适的，喜欢我的我看不上，而周围一圈也没有我能看上的人，我真的不想这一辈子就这样了。"

所以，我个人觉得考公务员比较适合那种有眼力的、能沉得住气的、有耐心的人。我不是说考公务员不好，而是你在做这个决定之前要想好你能不能面对这样的生活，这样你做了这个决定后才不会后悔。

（4）找工作

其实不管你考研也好，不考研也好，最后都是要去工作的。

我在这里要讲的不是学历重要还是工作重要，而是以我从业十年，现在小有成就的角度来告诉你，你怎样工作才能够混得更好。

在说这些之前，大家一定要注意一件事情，那就是，如果你要找工作，并不考研，我建议大家大二、大三的时候提前一年两年去参加一下大四的同学参加的招聘会，你要看清楚，最好是问清楚，你心仪的工作，在你心仪的公司里，本科生和研究生的工作内容和工作待遇到底有什么不同。你别到找工作的时候才发现差异，原来人家都是名校毕业的，原来研究生升职加薪快。等你工作的时候再想考研就很难了，因为繁忙的工作会占用你大多数的时间和精力，当然，事在人为，你也可以边工作边考研，但是确实边工作边考研对你的要求会更高。

选择行业

中国有句古话，三百六十行，行行出状元。这话不假，但是还有一句古话，隔行如隔山啊。在选择行业的时候非常重要，比如你是否要利用本科专业混饭吃。这是一个非常严肃的问题。以我为例，我学的是给水排水工程专业，但是现在做教育辅导行业，并且已经干了十年，你现在让我回到我的本专业，说实话，我真的回不去了。你现在让我不干教育辅导行业，我真的不知道我还能干什么。所谓十年磨一剑，我这十年就干了这么一件事，你让我干别的，我真不会。所以选行业真的很重要，尤其是对学习社会人文学科的同学而言，因为社会人文学科的就业对口性并不高，很多人学了某一个专业却并不从事相关行业（很多时候是想从事也没法从事），那你选择怎样的行业就很重要。

其实各行各业的发展本身都是有高峰期和低谷期的，没有差的行业，有的只是波动大与波动小。比如能源行业，这两年因为经济的发展增速变缓，用人需求急剧萎缩。甚至有的同学跟我说：张老师，这个专业最近不好找工作，我想通过考研换一个行业。但是你换个角度想一想，这个行业将来不会迎来自己的高峰期吗？首先，国家不可能让经济发展增速一直降下去，也不可能所有的东西都变成清洁能源，比如石油。虽然我们现在在大力发展所谓的清洁能源，比如太阳能、风能、核能，但是因为各种各样的原因，这些能源在短时间内取代石油是很难的。比如核能，核能安全问题一直是核能发展最重要的问题，前有切尔诺贝利核电站事故，后有日本地震导致的福岛核电站事故。世界对于石油的需求短时间之内是不可能消失的。其他行业也是如此，处于高峰期要想到它未来会遇到怎样的挑战，处于低谷期要想一想它会不会一直处于低谷，永无翻身之日。作为求职的学生，必须考虑这一点。

传统行业中有些可能会在未来消失，而有些有机会焕发第二春，而你说不定就会赶上这一波。在中国，必有发展的就是第三产业了。各位同学自行去搜索什么叫第一产业，什么叫第二产业，什么叫第三产业。不管你是学什么专业的，请你一定自行搜索一下这几个产业的产业特点，各自包含什么行业。你一定要知道你所学习的专业、你将来要干的行业属于第几产业，这个行业的发展趋势是什么。（在这里感谢一下互联网的普及，让我们今天想知道什么都可以直接通过互联网获得。）

简单地讲，第一产业主要就是农、林、牧、渔业。第二产业，说白了，就是工业。第三产业，说白了，就是服务业。

一个国家的发展都要经历这三个产业的发展，而中国作为世界上最大的发展中国家，第三产业不管是因为国家政策的推动还是发展的必然经历，都会越来越好。

比如我所处的行业——教育辅导行业，就属于典型的第三产业。我就是给大家做服务的，你们考研有辅导的需求，我为你们提供这种相应的服务。我就是在做第三产业。

而在选择一个所谓的行业的时候，看发展是一方面，你自己是否适合是另外一方面。

我说过，没有不好的行业，只有你是否适合。

比如有的人天生就适合当科学家，你不要因为我的一句话、一本书，国家的一个政策而放弃你自己最擅长的东西。而有的人虽然学了一个科学性很强的自然学科，可是天生坐不住，非常活跃，相比跟科学打交道，其实更擅长跟人打交道，那他就该放弃本专业。就像我一样，我能不能当科学家？不能！我能不能坐在实验室里搞科研？不能。但是我特别擅长说，特别喜欢看书，特别喜欢去钻研人的心理，那么我就适合去干第三产业。所以我当时选择了转行。事实证明，我干得还不错。

选择企业

当你参加招聘会的时候，你会发现和逛菜市场差不多。你到招聘网站上看，结果也一样，跟逛网店一样。商品琳琅满目，公司企业众多。其实对于企业的分类有很多种。比如，根据企业主性质，可以粗略分为国有企业、私营企业、外资企业；根据公司规模，又可以分为巨型公司、大公司、中型公司、小公司和微型公司；等等。分类太多了。那么面对这么多公司，我们又该如何去选择呢？

我估计各种所谓的求职专家给过你们各种各样的建议，比如是否有五险一金，是否有双休，给多少钱，等等。但是，我觉得，这些对刚毕业的你来说都还不是最重要的。

我没有在国有企业待过，更没有在外资企业待过，对于国有企业和外资企业的就业环境不做评价。但是我在私营企业待过，而且待了八年。从第九年开始，我独立和合作伙伴创业。我身边的朋友大多数都是在私营企业工作。我只能根据我的经历去评价。

其实我觉得找工作应该重点看以下几点：

第一，看看公司的股权结构是否单一，说白了，是不是一言堂。如果这家公司的老板就是一个人，或者都是他们家族的人，那么我告诉你，这个企业如果不进行股权改革，就没有发展！现在的企业，你一个人是根本干不好的。一个好汉三个帮，如果一个人拥有绝对股权，他想怎么干就怎么干，这个企业早晚会倒掉。为什么？因为人无完人，一旦这个企业的决策出现一次失误，最后导致的就可能是灭顶之灾。而家族企业几乎任人唯亲，如果将自己的几个亲戚不分能力好坏、不分能否胜任，都给安排到重要的工作岗位，你觉得这个公司有发展吗？封建社会的朝廷为什么没有昌盛下去？就是因为皇帝的儿子不一定就是当皇帝的料，有的皇帝一世英名，末了犯了一个不可饶恕的错误——选错了继承者，他打下的江山就可能毁于一旦！而企业家在管理一个企业的时候，过于一言堂，自己说了算，祸根就已经早早埋下，这个祸根就是企业家自己。而这个企业是大家的，自然每个人都有话语权。一个老板敢于放手自己的股权，就说明这个老板是个不贪心的人。当然，过度放手股权也有风险，以后你想创业的话再问我，或者能够做到很高的职位且可以有股权的时候再问我，我会推荐你看一本非常牛的书，在这里我先卖个关子。

然后呢？你再看看人力资源，就是面试你的那个家伙。找工作面试的过程其实是，单位在选择你，你也在选择单位。咱们先把待遇放在一边不说，先说面试你的这个人是不是你心目中那个岗位的人选，比如面试你的是一个所谓的主管，这个主管，你觉得他懂的还不如你多，而将来这个人可能成为你的上司，你觉得这家公司靠谱吗？如果面试你的是所谓的人力资源部门，那么你就要看这个人的气质了，他是什么级别的人，他的气质跟这个岗位是否匹配。看人很重要。

有的人跟我说，张老师，我要选择一家大公司，在小公司学不到什么经验，加班也没加班费，还不是双休，工作特别累，等等。

其实我想说，大公司小公司都有各自的可取之处，大公司确实正规，但是在大公司里你想被领导发现是挺难的，所谓的人才也特别多。小公司人少，你很容易见到老板，很容易被领导提拔，尤其是一个发展中的公司，在这样的公司你的价值很容易就会被老板看到。另外，加班费也好，五险一金也好，这些福利保障能有最好，没有也别对这个执念太深。你不要以为不给加班费的公司就不是正规公司，不是好公司。一个公司里有更多的有意义的事情需要加班去做，说明这个公司正在成长期，而加班费这个东西，如果把它看得太重，你就太短视了。

所谓的牛人大咖，没有一个每天工作八个小时。不要去看那些所谓的超级牛的人，他跟你说他每天只工作四个小时，其他时间在陪家人，不可信。作为最底层的员工，你想升职加薪吗？那就愉快地加班去。所谓的本职工作忙完了，问问主管还能帮他做点什么，问问其他部门的员工你能不能了解下他们的工作，给他们打打下手。不要怕别人觉得你有心机，老子就是想升职加薪怎么了？你牛，你比我干得还多啊！年轻人怕什么都别怕吃苦！为什么我说我是考研辅导界院校专业选择最厉害的人，是因为我曾连续七八年每年在3月份各个学校出分数线出复试名单的时候亲自去查，亲自去收集，每天各大新闻平台我都会搜罗一遍各种奇怪好玩的新闻。科比说他知道每天四点的洛杉矶的样子，我说我几乎知道全国每个城市凌晨四点的样子，因为可能我工作着工作着，天就亮了。

其实找工作就跟风险投资找企业是一样的。大家完全可以用风险投资机构找项目的标准去找你自己的工作，看创始人团队，看项目，看管理能力，看创始人行业经验，等等。

希望以上的话能对你将来找工作有点帮助。

工作中的其他提示

另外，大家一定还要注意的就是我前面提到过的，用更高级别领导的思维来审视你的工作，这样才能为你将来做更高级别的领导做准备。

不要太看重钱。

拍领导的马屁没必要，但是伤领导的自尊万万不可行。

要相信，你只要努力就一定会让老板看到，当然，你自认为努力的除外。

一个公司需要的不是看到问题、发现问题的人，而是解决问题的人。

还记得我说过什么样的人值得交往吗？在公司里也是一样。

办公室政治几乎是不可避免的，能避免尽量避免，认清形势站好队，做任何事情，对事不对人。

记住与人沟通的技巧，在否定别人的时候一定要先肯定别人的工作。再差的人也不是一无是处。

一定要学会自我批评，别人再恶心再怎么样，在整个事情的发展过程中绝对有你自己能改变事情结果的机会，然而，你并没有做出任何的改变才导致了现在的结果，所以，不是什么事情都是别人的错，想想你自己有没有错。

有些时候，不要太急于求成，这里面给大家讲一个我很认可的《小学问》中关于收入的道理。

经常有人问我：张老师，为什么你挣的可能比社会上其他的人多，或者比你同行业挣的多？以前我可能会回答，因为我更努力啊。每年考研成绩出来以后，我要把全国各个学校的录取名单、录取人数、录取分数线都给找出来，为的就是能够帮助我们的学生，让他们能够更好地在下一年确定自己的目标，最起码不要在选择上出现失误。我们传统意义上经常把工作分成两种，就是脑力劳动和体力劳动。实际上我的这个回答其实并不完全正确。因为我们这个行业还有很多人也许比我还努力地去查信息、查资料，比我花更多的时间去帮助大家选择院校、选择专业，那为什么我比他们挣的多呢？因为我还有一种劳动做得比他们好，就是情绪劳动。自从我火了以后，问我问题的人就特别多，我经常遇到一些乱七八糟的问题，比如大家在选择学校的时候经常问我：张老师，你告诉我，我考什么学校什么专业将来找到的工作能够干活儿少，挣钱多，离家近，还不累？其实我内心的想法是，你咋那么不要脸呢？有这种工作还留给你？我早就干去了。还有人问我说：张老师，我想考清华大学，是不是很难考？我内心的真正想法是：大哥，你是认真的吗？就你问这个问题体现出来的智商就已经跟清华大学没有缘分了。当然，我内心的想法不会在真正遇到这样的问题的时候说出来，每天微博私信上几千个问题，我真的根本就回不过来。结果呢？你不回，别人就可能继续发私信给你，说你红了，是不是飘了。甚至我在很多节目上说的很多话都被各种恶意曲解，形成互联网事件，我也经常因为我说的话而道歉。我经常想，凭什么我做一个考研老师要经历这些？后来我才知道，忍受这些无脑的问题和网络暴力也是我工作的一部分。这些叫作情绪劳动。很大程度上，它受到我们经常说的情商的影响。我要控制我自己的情绪。

再比如创业这件事，我们总是在想：凭什么老板想什么时候来就什么时候来，想什么时候走就什么时候走，凭什么活儿都我干了，钱都他赚了？其实这就是因为我们对风险劳动的不理解。真的，假如现在你要创业，你想一想，创业的风险是非常大的。假如公司经营得不好，也没有外部的投资，你现在要卖掉你们家的房子去给员工发工资，你发了工资后很有可能公司还是破产，一无所获，从此你老婆只能跟着你喝西北风，身边的亲人朋友也许还会嘲讽你，没有金刚钻，别揽瓷器活儿，你的孩子也许从此报不起辅导班，输在人生起跑线上。当然，你也有可能起死回生，成为下一个亿万富翁。那么你敢卖你们家房子吗？你不要着急回答这个问题，你闭上眼睛好好地把自己置入那个场景。我当年想创业的时候就问了自己这个问题，最后的答案是我干不出这事儿，但是我还想创业，那我怎么办呢？我就找了一个能干出这种事的人，就是我现在的合伙人。我这个合伙人在当年我们公司最困难的时候办过六个银行的大额信用卡透支来维持公司的运营，并且抵押了自己的两套房子、一辆车。也正是因为他的风险劳动能力比我强，所以，现在他是大股东，我宁愿做一个小股东，因为我理解他所承担的风险比我承担的要大。所以说，一个人的工作能力是各种能力的综合。很多时候大家要拎清楚、想明白。

包括我当时在《快乐大本营》上说的那句话，我说，大家找工作的时候尽量不要问五险一金的问题，因为这是国家规定必须给你的，不论你问不问，公司都会给你，你问了会让企业主觉得你一直在考虑自己的利益而没有考虑你能为公司带来什么。结果这件事情当时在全社会引起了轩然大波。很多报纸、媒体、个人纷纷指责我不重视普通人的利益。但是，大家想一想，我跟你说这些是为了你好还是为了恶心你。

这实在不是一本讲职场的书，等有机会你们喜欢的话，张老师给你们讲讲职场的那些事——我是如何从职位最低的普通员工一步一步往上爬，到了行业顶尖的考研讲师这个位置的。后来我开始创业。可以说，创业者的困惑、困难我有，在职人员的困惑和困难我也经历过，酸甜苦辣我是样样尝遍。你想看，等着我下一次出书吧！

（5）考研

虽然我是做考研培训的，但是考研真的适合每一个人吗？其实，我觉得，不一定。看到上面你可能会觉得都是套路，不就是诱导我一步一步考研吗？还真不是。你也要想好你到底要不要考研，因为你不一定适合。

如果你要考研的话，你就要明白考研能带给你什么、你的考研目的是否明确。我总结了一下，考研能带给你以下五个方面的好处。

考研是一个提升学历的机会。

在你找工作的时候，有一项必填内容，叫作学历。你不考研，现在你的学历是本科；你考上研究生并且顺利毕业后，你的学历就是硕士。

别小看这两个字，它们背后可包含着很多很多的含义。

现在社会对学历的要求可以说越来越高。如果你要去开超市，卖保险，当服务员，在一个不大的公司做销售，说实话，确实不需要多高的学历。但是，如果你想去一个大企业做领导，学历确实很重要。别跟我说你二姨在某企业做领导，只是大专学历，你二姨找工作的时候，大专也是高学历。虎哥我有个朋友在某国有企业，该国有企业原来效益非常好，职工子女大学毕业包分配。这时学历就起到作用了。如果你是大专毕业，那么需要到相应的本科学校进修两年；如果是本科毕业，回来马上分配工作；如果是研究生学历回到家乡国有企业，三年之内必升职。刚才我也说过，学历越高，你考公务员的时候竞争对手越少，因为有些工作岗位要求最低是硕士学历。

各位同学试想一下，咱们这个年龄段能当领导的时候，一个本科生的学历够吗？你是学医的，你觉得一个医院最好的大夫能是本科生吗？你是学金融的，银行的行长可能是本科生吗？你是学会计的，大公司财务总监可能是本科生吗？你是学理工科的，科学家可能是本科生吗？总工程师可能是本科生吗？答案都是不可能。虎哥学土木类工科的，跟同学聚会明显体现出本科生和研究生的差别。理工类的本科生就是干活儿的，在工地看农民工等杂活儿、累活儿全都是本科生做的，研究生干什么？设计大楼。这就是差别。

考研是一个转换专业的机会。

你喜欢自己的专业吗？

你的专业是你自己选的吗？你是被调剂到你现在所学的专业的吗？

上了四年大学，我想，大学期间最悲哀的事情不是你找了个不靠谱的对象，而是学了个自己不喜欢的专业。那你想过换专业吗？

中国有句话，退一步，海阔天空。你不喜欢自己的专业，想做别的行业，该换就换，绝对来得及。

如果你听过我的讲座，就会对虎哥的口才有极深的印象。那是因为虎哥在上学的时候是学院辩论队的主力——一辩，人送外号“张大辩”（此处请注意，不是张大便），而我们辩论队的三辩绝对是个奇才。

此人姓王，人称王三，就是前面我提到的那个人。王三脾气不太好，更要命的是学了个自己不喜欢的专业——水利水电工程。虎哥觉得他不是不喜欢自己的专业，简直就是恨自己的专业。恨到什么程度？他上专业课的时候，我们得派专人拉着他，因为你不拉着他，他就要冲上讲台把讲专业课的老师掐死。最后的结果就是各种挂科——每次期末考试我们要思考的问题是哪科我考得不好，可能会挂科，而王三想的是哪科考得好，他可能会过。在我们学校，如果你挂科达到25个学分，毕业的时候是没有学位证的。三哥大二上学期就完成了此等“壮举”。在大三下学期，他更是挂科达到50个学分，成功地刷新了我院的挂科纪录。而更令三哥闹心的还不是这件事情，而是三哥找不到女朋友。原因非常简单——他们专业女生少，长相我不评价，因为我确实跟他不是一个专业的！别看三哥学习不好，但是工作并不难找，因为人家是学水利水电的。学水利水电是干吗的？本科毕业去修水电站。

水电站在什么地方？那儿有两个特点，第一当然是水多，第二当然是在山里面。你们见过在城市中心修水电站的？三哥到工地上报到后待了不到半个月就抱着自己的档案跑回来了，信誓旦旦地跟虎哥说要考研。我问他要考什么专业。他说，他没别的能耐，就是能说，将来当个律师还是可以的吧。三哥就在郑州的郊区租了个房子废寝忘食地学习，第二年被武汉大学法律硕士专业录取。现在他在中央电视台工作，有北京户口。他们村听说他有了北京户口，提亲的人能从北京南站排队到八达岭长城。当然，在我孩子满月的时候，他终于带来一个女朋友。

这样的例子太多太多。我们说，兴趣是人工作最大的动力。不喜欢自己专业的你还在等什么呢？

考研是一个转换城市的机会。

哥们儿，你在哪个城市上学？北京？上海？武汉？西安？广州？还是沧州？宜春？齐齐哈尔？石河子？凯里（贵州省黔东南苗族侗族自治州首府）？你喜欢你所在的城市吗？你想在你上学的城市工作吗？你想在你上学的城市发展吗？这是一个问题！

有同学说，我可以先考西安的研究生再到北京混啊！但是，你想过没有，北京的企业到西安招聘的有多少？而你在西安会获取北京的第一手招聘信息吗？如果不考研，你最有可能在哪儿工作呢？答案肯定是回家，或者在你上学的城市或者省会。你考到了你想去的城市，提前了解这个城市的人文、交通、经济状况，虎哥觉得绝对是有必要的。

因为工作的原因，虎哥我几乎走遍了中国的所有地方，每个城市都有它独特的好，当然也有我个人不适应的地方。那些准备跨区域考研的同学要想好了。

首先，大城市和小城市的差别是十分明显的。小城市生活压力小，各种安逸，三十岁之前买房买车生孩子基本上都不成问题。虎哥的家乡在齐齐哈尔，那儿就体现出了小城市的魅力。齐齐哈尔是丹顶鹤的故乡，有着全国最大的湿地自然保护区之一，一年四季天都是蓝的。齐齐哈尔烧烤全国闻名。虎哥每次回家第一件事一定是去一家叫作“美好生活”的烧烤店，来盘韩式拌肉，再来份大片肉，蘸上东北烧烤独有的干料或者湿料，那叫一个过瘾。那儿房价也不高，再买辆车，生活那叫一个惬意。但是那儿小城市的劣根性也是存在的。比如，大公司很少，工资上涨到一定程度后再往上爬是有难度的，做什么事情，关系比能力重要得多。每当我到一个小城市，最让我头疼的就是火车站打车的问题，几乎没有一个打表的，全部需要砍价。小城市的这些劣根性在北京基本上就不存在。北京打车很正规。只要你有能力，完全可以闯出自己的一片天地。虎哥在北京所买的房子邻居几乎就没有北京人。在北京赚钱，到家里花钱，觉得做什么都实惠。但是我觉得在北京就没有生活质感。无论是哪儿，都有人。公交车上、地铁里都是人。虎哥从来不怵春运，因为在北京坐地铁天天像春运。

而在选择城市的时候，个人建议选择一些经济相对发达或者你的那个专业相对能够形成产业优势的城市。

比如，在美国有个非常著名的地方叫作硅谷。硅谷那边有两个非常牛的学校，一个叫作斯坦福大学，另一个叫作加州大学伯克利分校。因为硅谷在身边，所以斯坦福大学的学生找工作也好，创业也好，气氛非常好。而加州大学伯克利分校实际上是一个公立大学。学生的家庭条件普遍没有斯坦福大学学生那么好，学校对学生创业的支持力度也不如斯坦福大学，但是从找工作的角度讲，伯克利毕业生找工作一点都不成问题。

说到国内的城市，我个人建议出去闯一闯，除非你将来想回家就业。说实话，如果离开家乡，人生地不熟的，可能特别好的朋友也没有，确实在刚开始时会比较困难，有的人能挺过来，有的人挺不过来。但是可能你的家乡经济发展并不太好，而你个人发展的空间也不大的话，可以选择去一些大城市。但是特大型城市，比如北、上、广、深，压力太大了。以我个人在北京生活的经验来看，北京真的不适合所有人。所以，我推荐大家可以去中国的一些新一线城市。

如果大家有兴趣，可以用搜索软件搜一下这些新一线城市[1]。这些城市主要有以下几种城市构成：一是发展空间巨大的直辖市，比如天津、重庆；二是区域中心城市，比如西安、成都；三是地区经济实力最强城市周围发展比较好的城市，比如上海周围两个省的省会——南京、杭州；四是中国的副省会级城市，有些城市虽然不是省会，但是发展得也很好，比如青岛、东莞。这些城市中像西安、青岛、东莞等都是有发展空间的城市，但是那里生活的压力没有超级城市那么大。

说个虎哥比较喜欢的城市吧。

苏州。

人说上有天堂，下有苏杭。杭州给虎哥的印象就是堵车。我在苏州几乎就没有遇到过堵车，城市规划得井井有条。从苏州市区开车到上海虹桥机场只需要一个小时。古城有古城的样子，新城有新城的样子，房价也不是很高。不过最让虎哥头疼的就是苏州的冬天，延续着南方冬天的特点，太冷了！没有暖气。典型的东北人虎哥实在受不了苏州的冬天。

唉，想去哪儿，你自己看着办吧。

当然，我个人强烈建议，你想去哪个城市就利用课余时间去那个城市感受一下。虎哥每年都会遇到这样的同学，说：哥，我想去南方。我问他去过吗，他说没有。我问他为什么想去南方，他回答说他喜欢那儿！我就不明白了，你没去过，你咋就喜欢那儿了呢？假如虎哥要娶媳妇，我从来没见过她，但我说我喜欢她，你信吗？我都不信。所以，自己想好了，去你选择的城市感受一下，那儿毕竟有可能是你生活一辈子的地方！

1 编注：据新一线城市研究所的《城市商业魅力排行榜》，2023年，15座新一线城市依次是成都、重庆、杭州、武汉、苏州、西安、南京、长沙、天津、郑州、东莞、青岛、昆明、宁波、合肥。

考研是一个转换学校的机会。

这几乎是大部分考研同学的考研动机。

我认识的同学中百分之八十都不会考本校的研究生。有的学校更是没有硕士点。而名校与普通高校的就业条件差别确实很大。如果各位有兴趣，到名校的招聘会现场去看看，再到普通高校的招聘会现场看看，你就会发现档次完全不一样。

虎哥本科就读于河南省最好的大学——郑州大学。如果一个企业在河南只开一场招聘宣讲会，几乎可以确定一定是在郑州大学开。如果这个企业是一个超级牛的企业，郑州大学也是不够格开招聘会的。我上学那会儿，不知道是哪个媒体每年都会评选一个榜单叫作“最受大学生欢迎的雇主公司”评选。几乎年年都上榜的一家企业叫作Google——传说中的谷歌。这家公司的薪资待遇、福利没的说。最夸张的是，据说这家企业会聘用世界厨艺大赛中获奖的大厨给自己的员工做饭，在办公楼的天台上有自己的游泳池，员工工作累了，可以去游一圈。你想去不？可惜的是，这家公司从来没有去你们学校招聘过，是不是？

不说了，眼泪哗哗的。向着名校冲刺，前进，前进，再前进！

考研是一个拓展人脉的机会。

21世纪最缺的是什么？人才！那人才最缺的是什么？人脉！

你有什么人脉吗？

除了宿舍的死党、朋友，还有你身边的那个他，你还认识谁呢？

我遇到很多同学都跟我说，虎哥，我认为我是个人才，就是没有遇到比较好的机遇，没有遇到能够发掘我才华的人。说白了，你缺的是人脉。

但是研究生就不一样。

首先，你的导师是你一辈子最重要的伯乐之一。你的导师之所以能够成为你这个学校这个专业的导师，说明他的学术能力、交际能力、教导能力等各种能力都达到了一定的水平。很多导师都有自己的公司和项目。这是目前研究生就业一个非常重要的出口。另外，导师的人脉关系非常广。你毕业的时候，你导师的一封推荐信、一句话，可能比你自己投一百份简历都好使。

其次，你的校友、师兄、师姐是你潜在的人脉。在北京的五道口，有一个全国学金融的同学梦寐以求的地方——清华大学五道口金融研究学院，就是原来的中国人民银行研究生院。此研究生院从招生到现在三十多年。之前毕业的校友要么进入了中国金融行业最顶端的系统，要么自己开设了中国最早的一批证券公司。而现在在五道口金融研究学院毕业的研究生大多都进入了校友经营的公司。在北京，国有四大银行总部的人几乎都来自北京各大财经名校。我认识的中国人民大学金融专业的研究生几乎都去了国有四大银行。而各地的国家电网公司相当一部分领导毕业于华北电力大学、东北电力大学，中国的石油系统到处都是中国石油大学、东北石油大学、西南石油大学等学校的往届校友。在铁道部，在任何一个铁路局，你几乎都能找到北京交通大学、大连交通大学（原大连铁道学院）、兰州交通大学（原兰州铁道学院）、石家庄铁道大学的前辈。你在应聘的时候，很有可能你的主管、面试你的人跟你毕业于同一所学校，你不能不说这是一个优势。

还有就是你在研究生期间的实习单位。研究生实习和本科生实习最大的差别就在于本科生实习几乎就是走个过场。很多本科专业的实习与其说是实习，还不如说是参观工厂。而研究生阶段的实习一般都是实际项目的合作和接触。每年研究生毕业的大军中，很多人都被原实习单位接收为正式员工。

所以，如果你想结交业内高端人才，考研几乎是成本最低、最有效的途径。

如果你在以上五个方面有需要，那么你最好准备迎接这一年多的挑战。如果你没有这些需要，那你大可不必考研。

是不是所有专业的研究生都值得读？

考研的好处这么多，那是不是考研就一定好过其他选择呢？不一定。

首先，现在中国有的学校的研究生教育水准真的令人不敢恭维。现在，社会上有一种说法叫作学历无用论，说，很多专业或者行业，学历并不重要。我想说，如果你看到这样一个学校，学校的学风非常不好，学生到底上不上课，学校不管；学生考试到底是否作弊，学校不管；老师在考前各种划题，学校不管；甚至有的学校，学生挂了科，花钱就可以摆平：我实在想不出上这样的大学有什么用。

其实我从来不觉得所谓的能力就是你得高分的能力，但是我觉得大学应该着重培养学生某一方面的技能。这个人学习不好，其他方面有没有特长？不管是研究生阶段的实习还是本科阶段的实习，能不能不要走马观花？（有的学校的实习非常简单，就是参观工厂！）我说的这种事不只是发生在大学本科阶段，也发生在某些学校的研究生阶段。有的人就问我，老师，学历重要还是工作经验重要。我就会反问他一个问题：你说的学历是哪个大学什么专业哪种学历？你说的工作经验，是在什么企业干什么工作的工作经验？你确保你不读研而工作这三年能获得所谓的经验吗？

在这里我也呼吁那些影响力比我大的牛人，当你们在教导大学生应该怎么去做的时候，一定要根据情况正确地引导学生，告诉他们社会的真相，告诉他们事实的真相，否则你们就是害学生！举一个简单的例子，我曾经看过某企业的老总在某高校的一场演讲。这所高校其实还不错，但遗憾的是，因为各种原因，至今还没有一个硕士点。这个企业的老总上去就说，学历没有用，在他们公司、在这个社会，能力最重要！只要同学们努力，一定实现自己的梦想。呵呵！这句话我也会说，但是我说的是考研的梦想，那位老总说的是什么梦想？反而这家公司在招聘的时候，只要是“211工程”大学的学生，本科生和研究生进去后，工资待遇是不一样的。既然我们学校也好，社会也好，一致强调能力最重要，可是我们在教育大学生的过程中到底培养了学生的什么能力？当然，这个难度非常非常大！包括我在做考研辅导班的时候，难度也非常大。

有点跑题了。

其实我想说的是，有的学校的研究生真不值得去读，最后可能就是学生在学校又玩了三年，混了个所谓的研究生学历！所以，很多人在考了研究生后，放弃了最后的录取机会。有些放弃有点可惜，有些放弃，我是绝对支持的！

什么样的人不适合考研？

考研的准备工作是个漫长的过程，漫长到很多时候你会觉得自己是一个孤独的人，基本上为考研放弃了所有的东西。

我对考研有很多理解，其中一个理解就是，考研是一场看不到竞争对手的马拉松比赛。这项比赛有很多选手，彼此起点并不一样。有的人底子好，有的人底子不好；有的人准备得早，有的人准备得比较晚。在长跑的过程中，你是否努力，只有你自己知道。首先，你能不能坚持跑完就是一个非常严重的问题。其实在每年考研的过程中，刚开始决定要考研的可能有450多万人。但是最后走进考场的只有300多万人。其间还有考着考着人就不见了的。

中途放弃的人，我就不知道他们是怎么想的，就这么没有毅力吗？

我觉得，一个人要想做一件事，要么别做，要做就要做好。一件改变你命运的事，你说放弃就放弃了，我真的不知道你在以后的人生道路上会不会走着走着就要变道，这样的人非常有可能一事无成。

考研时间通常是在每年12月底，很多人即使没有考研成功，再找工作的时候，用人单位也非常喜欢要考过研的人。我曾经问过一个单位的人事经理，为什么对考过研但没考上的人也青睐有加。他说："如果一个人干什么都没有常性，你觉得这样的人我敢用吗？他考过研，考的分还不错，哪怕距离目标院校差了几分，最起码他用考研经历证明，他是可以认认真真踏踏实实做事的人，做得好不好，那可能是方法的问题，但是只要成绩差不多，就说明他还是认认真真地做过。而对于其他人，我真的很难判断他是否能够安心地将我这里的工作做下去。做得不好，我可以教；做不下去的话，纯粹是对我们公司资源的一种浪费。"

我相信，很多考过研的人都会有这样的感觉——原来我是可以踏踏实实地把一件事做好的。

这种坚持做一件事的过程，其实是除了学历、名校等以外你最大的收获！

但是，如果你不是那种真的能安心坐下来做一件事的人，那么你千万不要考研，即使去考，你也考不上，浪费精力，浪费时间，没必要！

6. 如果你要考研，大学的前两年应该注意什么？

自从我的视频在网络上突然爆红后，很多准大一的学生，甚至高中生、初中生，都问我怎么准备考研。高中生和初中生考虑考研的问题确实太早了，你还没上大学呢，不知道自己学什么专业，真的没法去准备。如果你是大学生的话，如果你觉得考研是你的必经之路，如何在大一做些初期的准备呢？咱们还得从考试的科目说起。

（1）英语——四级、六级过掉

可以说大学英语四级、六级是你上大学需要考的非常重要的证书之一了。

每年都有人问我，张老师，是不是我过不了四级，考研英语就一定过不了。其实并不是这样的。每年四级、六级过不了，考研考高分的，我见得多了；每年四级、六级考高分，考研不过线的，我见得也多了。如果你四级、六级没有过，只能说你英语基础不太好，不代表你考研考不上，毕竟考研不是只考英语。考研考四科，而有些专业的英语分数线确实不高，只要掌握一些方法和技巧，过线是很容易的，但是考高分确实不容易。

其实考研英语也好，四级、六级也好，就是注意四个要点：单词、语法、阅读、写作。

单词是点，语法是线，将一个个单词连接成一个个句子，而阅读是面，将一个个句子连接起来，就成了所谓的阅读理解。写作文考查的就是你的综合表达能力。如果你要考研，通过四级、六级的考试就是要把你的单词和语法给弄明白。而检验你单词和语法是否能够过关的最好办法就是四级、六级考试，以考代练。语法方面，其实考研英语和四级、六级考试都差不多，只不过考研英语的语法分析起来会更麻烦，一大堆长难句，四级、六级的长难句相对较少。而单词方面，四级、六级考的重点词汇和考研考的重点词汇其实相差无几，可能词义上有些差别，考研考的可能都是一些我们不是特别熟悉的释义。

这里要重点说一句，有些学校大一期间不能考四级，如果你上大学正好碰到这样的学校，大家大一的时候千万不要扔英语，一定要继续坚持学习，好好上课。这样的话你大二能考四级的时候才能捡起来，考研复习的时候才能不会跟没学过英语似的。

（2）数学——考数学的一定要把基础打好

在考研时，有些专业是要考数学的。比如工科大部分专业、经济类的专业、管理类的大部分专业、农学类专业、理科的个别专业（具体的考数学的专业我们会在后面讲到）。如果你将来考研要考数学，那么你就一定要打好数学基础。

大学数学指的是三门课（非数学系）：高等数学、线性代数和概率统计。这三门课，大家一定要学好，这将是将来决定你总分的科目。有的人说，张老师，我初中、高中数学就学得不好，大学数学我能学好吗？其实你会发现大学数学跟初中高中数学还真不太一样。比如几何学在初中、高中占据主要部分，比如解析几何、立体几何，大学数学其实很少涉及这方面的内容。所以，上了大学完全靠你自己，看你自己是否努力。

（3）专业课——认清重点专业课

我们在上大学期间要学好多门专业课，其中大一、大二上的基本上是专业基础课，到了大三、大四，上的一般都是专业高级课（我是这么叫的）。考研时必考专业课！只不过不同专业考的专业课科目不一样！工科专业一般情况下只考你这个专业最重要的那门，而文科类专业，比如中文、新闻专业，考的专业课就比较多了。

如果你想考研，实际上在上大学的时候就应该知道哪门专业课是你上大学时最重要的专业课，而你在上大学期间一定要好好学这门专业课！如果你不知道什么专业课是你上大学时最重要的专业课，那么有一个简单的办法来判断，那就是看学分。现在中国的大学大多数都是采用所谓的学分制，但是跟国外的学分制有所不同。在国外的大学，只要你在大学期间修满你大学毕业所需的学分，你就可以提前毕业。但是在国内，所谓的提前毕业很少见！但是，每个科目几个学分可以直接体现这门专业课在这个专业的分量！如果这个科目非常重要，一般学校会设定为5学分。这说明这门专业课将来要么是你考研要考的，要么就是你将来干本专业最有可能用到的。如果一门课没有那么重要，但是也算是比较重要，一般就有4学分。3学分的专业课一般是相对比较边缘的专业课，意思就是你连这个专业课都能学好，那么，完美！！！但是我不是说3学分的专业课没有必要好好学，就可以挂科，我的意思是，某门课的学分越多，说明这门专业课越重要，请大家不要曲解我的意思！

（4）政治——用最短的时间考最多的分数

政治这个科目能学好就学好，学不好，其实就分数差来说，对个人的影响也并不大。因为这种纯粹背诵的东西，你就算把整本书都背下来，很难保证你几年后仍然会记住！最简单的道理就是，大家高考完以后，几乎会把所有的东西一瞬间就忘干净！当然，如果你上大学期间好好听一听政治课，对你将来听考研课程肯定会多多少少有点好处。

7. 关于大学的后记

一千个人心中有一个千个哈姆雷特（不知道哈姆雷特是什么的，给我去面壁三分钟），其实中国千千万万个大学生就有千千万万种感受。每个人上的大学不同，学的专业不同，遇到的人和遇到的事情也不同。大学生活是人生中最美好的四年，每当我回到校园给你们讲课的时候，看见你们那年轻甚至充满稚气的脸，其实我的感受就是两个字——羡慕。我太羡慕你们了，你们的人生还有无限的可能。而我的一生有可能就干教育辅导了（我还是有梦想的，我没说是考研辅导，哈哈）。闭着眼睛回忆我的大学，太多想做的事情没做，太多应该做的事情我没做，有的时候就想，如果当时我做了什么什么，是不是现在的结果就会不一样。如果当时我做了什么事情，现在的我是什么样子……哈哈，感觉自己好老，我做考研辅导做了十年了，我当年第一批学生有的已经在国内的大学任教，还有的在各行各业成了精英，当然，还有的默默无闻地走在茫茫人海中。转眼间，我的学生都比我小一轮以上了，走在校园里，我看到有的同学还在傻了巴叽地想着怎么逃课，想着怎么去玩游戏，我心中想的其实就是：傻瓜，你今天不重视社会带给你的现实，进入社会后，它会给你最沉重的打击和报复。

人生，充满了无限可能。

我还记得当年我下了火车看到接站的师兄师姐时的那股兴奋劲儿，记得我第一次踏进我们学校校园的那种无助（当时郑州大学还没有盖好，现在进去只有两个字——牛气）；还记得我们军训时的辛苦；还记得上第一节课时的兴奋；还记得大学的所有事——美好的、糟糕的、兴奋的，以及个人觉得不公正的。我上大学的时候从来没有想过将来有一天我会被人叫作老师，更没有想过将来有一天我会火遍全国，有的时候吃饭会被人当名人一样认出来！你们知道我上大学的时候最想做什么吗？其实我想做主持人，并且在这方面做出了努力，我几乎拿遍了大学里所有跟主持人有关的奖，但是，社会一次又一次告诉我，我根本不可能做一个主持人。我只能另谋出路。一个偶然的机会，我进入了教育辅导行业，成为一名所谓的老师。我知道我自己的水平，我讲不了课，所以，我口才再好，我也从来不会尝试着讲政治、英语、数学。其实我这种口才，找一个所谓的好一点的老师的课程从头到尾背下来，我也能讲，但是我觉得那样是害学生。现在这个行业充斥着很多口才好、业务知识垃圾得要命的人，如果你们有兴趣，你拿个英语问题当面问一个所谓的考研名师，你看看他到底能不能给你说出子丑寅卯来。我做的事情都是同学们平时不愿意做的一些事情，但是又令人比较迷茫，比如某个学校的招生人数、复试分数线，这些信息其实在网上都能找到，但是有的同学不愿意找，有的同学不会找，我只是用我自己的方式告诉你这些很重要。

我说这么多就是想告诉大家，人生本没有路，你走过去之后，回头看一看，其实你走的这条道路也许就是对的。我现在就觉得最后没有做成主持人也不错，没有干本专业也很不错。关键是，不管你干什么，你都要脚踏实地。你要认认真真地去努力，也许你没有所谓的聪明的头脑，也许你没有所谓的比较厉害的家庭背景，但是自助者天助之。我同样什么也没有，但是凭借我自己的努力，我现在照样混得挺不错。

每次我到大学校园去做讲座，看到你们朝气蓬勃的脸，你们知道我怎么看你们吗？第一，你们真年轻。你们的未来有无限种可能，我老了。你们到我这个年龄的时候说不定会混得比我好很多，当然也可能会不如我，但是你们有希望啊，我这个年龄，我已经这样了。你们知道我遇到那种比我牛很多的人的时候，我是怎么想的吗？我想的是，等我到你那个年龄，说不定我会混得比你们好。所以，当你遇到牛人的时候，该学习的时候学习，但是记住年轻是你最大的资本。而我看到你们的第二点感受是：一群二百五，真的！不怕你们骂我。因为你们每天都把大量的时间花在跟你自己未来毫无关系的事情上。我看了都替你们痛心和遗憾。你们知道考研辅导班最喜欢什么样的学生吗？就是那种只交钱报班却不来上课的学生。不用服务，成本低，利润高，多好。但是在我自己的辅导班，这种事情是不准发生的：一、我为你好；二、我不希望你将来考不上降低我自己辅导班的升学率。我们就会给这样的学生打电话，问他：同学，你今天为啥没有来上课？然后你们中百分之八十多的同学会回答我：有事！我真的想不明白有什么事情能比改变你们未来命运的事更重要。但是你们真的有这样的事情。

其实我也可以理解这种做法，毕竟你们看不到自己跟身边人的差距，因为你们可能会觉得没有差距，都是草根，都是同一个学校同一个专业的，谁看不起谁啊？但是你们真的觉得你们之间没有差距吗？你们的差距不是今天体现的，是你们本科毕业十年以后，你们聚会的时候，你们是看不起别人的那个还是被别人看不起的那个。你们自己想清楚。这件事情很快就会发生。而且，极为现实！我本科毕业已经十几年了，当我们聚会的时候，看到大家这么多年的变化，真的感叹不已。

而这些差距的源头，就是你们的大学是怎么度过的。

决定权在你们自己手里！

所以，努力吧，少年，你们的未来不是梦！

第二章

考研
——你准备好了吗?

1. 考研一定要逼自己

在上一章，我给大家分析了考研的五个好处。咱们再稍微回顾一下：

考研是一个提升学历的机会；

考研是一个转换专业的机会；

考研是一个转换城市的机会；

考研是一个转换学校的机会；

考研是一个拓展人脉的机会。

其实，当时你追求的这些，就是你考研最初的理由。往大了说，考研是为了改变你自己的命运；往小了说，考研就是为了提升你自己。在这么多年的考试辅导过程中，我见过太多中途放弃的人。每年的5月份、9月份、10月底，考前都会有很多人因为各种各样的原因放弃。放弃的借口多种多样，什么觉得自己考不上，什么家里给找好了工作，什么别的同学都找到工作了，自己看到了心慌慌，在我看来，这些理由都一样——考研的意志不坚定。考研的理由不够充分，你还有后路。那些真正有着坚定理由的人是不会放弃的。

当年我有一个朋友，其实家里条件非常不错，本是可以不用考研的，但是他家人希望他的学历能够得到进一步的提升，非常希望他考研，结果就想到了一个非常厉害的办法。

有一天，这哥们儿的家里给他打来电话，问他：孩子，你这大学都上到大三了，你将来想干啥啊？我这哥们儿回答得也很直接：我毕业出来找工作呗，我还能干啥。家里人就说了：行，你毕业赶紧回来吧，家里给你安排安排工作没问题，回头我再让村里给你说个亲事，你赶紧回来结婚吧，我和你妈都想着早点抱孙子呢。这哥们儿一听要结婚，口水都流下来了，就问：你们准备给我说哪个村的啊？他家里人就使出了撒手锏，说：不用咱家找，都有姑娘找到咱家了，你记不记得你的一个小学同学叫×××？那哥们儿一听名字，当时就愣住了，跟他爸说：不会吧，我不喜欢这个人啊。他爸就跟他说了：你要是能考上个研究生自己闯一闯，那就再说，你要是回来直接工作的话，就跟她吧，她妈都找咱家说好几次了，我挺喜欢这个姑娘，一看就能给我生个大胖孙子！这哥们儿当时眼泪都快下来了，说：行吧，那我考研，我宁可考研也不跟这个姑娘结婚。结果过了一星期，他家里人做得更绝，居然给他寄过来一张那个姑娘的照片！这哥们儿为了激励自己，每当复习不进去的时候，就拿出钱包，看一看那个姑娘的照片。这哥们儿目前在北京，已经结婚生子，老婆当然不是照片里的那个姑娘。

你看，还是没把你逼到绝路上。

所以，各位想考研的同学，你想想你考研究竟追求的是什么，你有没有去逼自己。其实你逼了自己，你会发现自己会爆发出更大的能量。

你的能量，超乎你的想象！

2. 什么样的学校值得考？

考研到底难不难啊？

此问题被称为十大考研问题之首！

几乎每年都有大批的同学带着迷茫的眼神和表情，娇滴滴地问我这个问题。而我的答案在很多同学看来跟没回答一样——你说难就难，你说简单就简单。

事实也是如此。

问题在于，大哥，你考哪个学校考哪个专业啊？

你说哈尔滨工业大学的土木工程难考不？你说协和医科大学的内科学心内专业难考不？你说中国人民大学的金融学专业难考不？去年还有人问我：虎哥，清华难考不？我说，大哥，你该吃药了！

你说，齐齐哈尔大学的马克思主义基本原理专业好考不？你说，北京印刷学院的企业管理专业好考不？你说，上海应用技术学院的制药工程专业好考不？你说，八一农垦大学的临床兽医学好考不？说白了，其实真正竞争激烈的只是热门院校、热门专业、热门地区，这完全是由于考生的盲目畸形报考导致的。

有的同学就说了：老师，什么样的学校值得考呢？我认为以下四类高校是很值得考的。

（1）专业排名靠前的

前两年我跟某位同学说出这句话的时候，他直接回了我两个字：废话！可是各位同学请注意，我说的是排名靠前，没说排名第一！举几个例子吧。

比如你学电气工程专业，毋庸置疑，华北电力大学、上海交通大学绝对牛。但是在排名前列的学校中有个叫作东北电力大学的学校，还有一个叫作北京交通大学的学校，这两个学校明显比华北电力大学好考多了。再比如学材料的同学一直盯着北京科技大学、浙江大学、上海交通大学等高校。其实还有个叫作内蒙古科技大学（原来的包头钢铁学院）的学校，它的钢铁冶金方向全国几乎开设最早，毕业直接分配进国企。你说这种学校不值得考吗？

其实每个专业都有排名比较靠前的学校。整体上看，基本上某个专业排名靠前的学校，我个人觉得都是值得考的。那么，你那个专业排名靠前的学校都有哪些呢？大家可以参考学校学科评估和最新学校排名等各种综合数据。

（2）学校排名靠前的

很多同学在选择学校和专业的时候直接跑过来问我：老师，中国人民大学哪个专业最好考？

实际上名校不一定所有专业都难考！一个名校的资源是很多普通高校比不了的。每年都有很多同学报考名校的所谓垃圾专业（注意，是相对于这个学校的优势专业而言的垃圾专业，别给我玩断章取义）。

也经常有学生问：老师，这样的学校很牛，但是它的这些专业将来好就业吗？其实，这样的学校本身就是个非常强有力的保障，你根本就不用担心它的毕业生将来的就业问题。

还是举个例子吧。实际上，我们未来就业的时候有很多行业是不限制专业的，比如销售公司、行政工作、文秘。问题在于知名企业招聘这种工作岗位的时候只到名校去招聘。虎哥有个朋友在上海应聘德勤会计师事务所（世界四大会计师事务所之一），其公司前台都是上海财经大学毕业生。中国500强企业的管理培训生几乎只要“211”“985”高校的毕业生。国家开发银行在东北三省开设分行的时候，招聘启事中明确写明只要东北四所“985”高校（哈尔滨工业大学、吉林大学、大连理工大学、东北大学）的毕业生。这就是名校效应。

前几年红极一时的中国最年轻的市长周森锋，1980年生人，2009年就被任命为湖北省宜城市代理市长了。此人研究生出自清华大学，学的是管理科学与工程专业，他是2004年毕业后到襄樊市（2010年12月更名为襄阳市）工作的，是襄樊从清华大学引进的高素质人才。他刚工作就担任襄樊市建设委员会副主任职务（副处级）。如果你从名校毕业，回到一个小城市工作，说不定你就是未来中国最年轻的市长！

（3）“鸡头大学”

啥叫“鸡头大学”？中国有句古话，宁做鸡头，不当凤尾，你还记得吗？

有的时候中国最牛的学校咱考不上，咱可以考咱家那边最牛的学校啊，而有的时候你会发现这个省最牛的学校毕业证很有用。

比如河南的郑州大学。如果有兴趣，你会发现河南省大大小小的政府官员中有很多官员的母校几乎都是郑州大学，不是郑州大学毕业的都要跑到郑州大学镀金。为什么？因为在河南省混，郑州大学的文凭还是比较硬的。郑州大学的专业比较杂，基本上什么专业都有。郑州大学所有专业在河南省几乎都排第一位，河南省各种专家几乎都在郑大任教任职。山西省比较有意思，工科类的专家几乎都在太原理工大学任教，文科类的专家几乎都在山西大学任教。

而我们说的这种“鸡头大学”不光指的是某个省份所谓的排名第一的

学校，如果你的专业在这个省排名第一、第二，其实你所在的学校也是非常值得考的。

比如浙江省，你会发现，在浙江省这么一个经济非常发达的省份，“211工程”大学、“985工程”大学居然只有一所，那就是浙江大学。那么其他学校不值得考吗？绝对不是，比如浙江工商大学，它的很多专业排名，尤其是经管类专业排名，在浙江省仅次于浙大，考这个学校的经管类专业在浙江省混有没有问题？绝对没有问题。同理，你考一个湖北省经管类排名第二的学校难度就大很多，湖北省经管类排名第一的是武汉大学，考取难度不比浙大低。排名第二的是谁？中南财经政法大学。而中南财经政法大学和浙江工商大学，你觉得哪个学校难考？肯定是前者。为了到达同一个终点，选一条最近的道路走是可取的。不论是考中南财经政法大学还是考浙江工商大学，你都会在一个经济比较好的省份就业，而你的能力又有限，那你该怎么办？

所以，不要一味盯着所谓的“211”“985”高校，不要一味盯着某个专业的全国排名，我认为，只要某个学校的某个专业在它所在的省份能够排名靠前，就值得你努力一下。

（4）特点鲜明的学校

什么叫特点鲜明？很多学校的特点就在它的名字上。这种学校在中国数不胜数，比如北京交通大学、北京邮电大学、中国传媒大学、东北电力大学、东北石油大学、中国政法大学等等。这种学校，你一看名字就知道它最牛的专业是什么、从那里出来的毕业生都是干什么的。当然这种学校最牛的专业很难考。你还会发现这种学校的其他专业几乎都是围绕它最牛的专业开设的。不信？给你举几个例子吧。

中国政法大学，中国法律界最牛的院校之一，在中国政法大学的招生专业目录里有新闻学这个专业。各位，仔细看看吧，是法治新闻方向。再比如北京有个很神奇的学校，叫作外交学院，一看名字就知道它最好的专业是外交学，实际上它也有法学——国际法。北京邮电大学，大家都知道它最好的专业是通信专业，但是它有法学——民商法、电信法、网络法方向。它也有传播学专业，网络文化传播、社交网络传播、电信传播等方向——通信无处不在。大连海事大学，看名字就知道几乎它的所有专业都跟海有关系，是的，它有海商法专业！

当然，咱也不能说除了上述的四类高校，其他专业和学校都不好。但是明眼人都知道，学校名气不占优势，排名不占优势，再没个特点，在当地也不是很牛，那么从这种学校毕业出来找工作可能会相当艰难。

这两年，大家对于好学校的概念随着国家政策的改变而改变。一个比较火的词，叫作“双一流”。这里我就不拿官话来解释了。简单来讲，就是我们未来的高校建设目标是建设一流高校和一流学科。

一流高校分成了所谓的A类和B类，具体的我就不在这里注水了，我们只说变化。原来的“985工程”大学一共是39所，其中的湖南大学、东北大学、西北农林科技大学被调整为“双一流”B类高校，我的母校郑州大学和云南大学、新疆大学也被上调到了一流高校序列里，不过也是B类。我们可以看到这三所进入“双一流”的非原来“985工程”大学有个共同的特点，就是它们都是综合性大学，从区域分布上来看，一个地处人口众多的中原地区省份，一个地处西南边陲，另外一个地处西北边疆。这里不便多说什么，大家有兴趣可以了解一下这三个学校各个专业的情况，了解强项，还是要尽量不要因为所谓的“双一流”去考这三个学校相对弱势的一些专业，甚至是新开的硕士点。我不觉得评上“双一流”会在短时间内对这三个学校的弱势专业产生多大的积极影响和帮助。

其实“双一流”中值得大家关注的是一流学科，因为一流学科的学校和专业太多，我就不在本书里贴出具体的一流学科的大学以及专业的分布了。

我在这里想说的是，大家尤其要重点关注一下那些原来并不是“211”“985”的高校里面出现的一流学科，那都是非常值得大家考虑的！还有就是一流学科的相关专业。比如一个学校的机械工程专业是一流学科，那么它的自动化专业就不会差；如果一些学校的通信专业是一流学科，那么它的电子和计算机、软件工程专业也都不会差！

具体的一流学科大家可以自行去搜索。

那么“双一流”会不会取代传统的“211”“985”，成为用人单位新的招聘标准和要求？我觉得短时间内不会。

首先，入选一流学科院校名单的学校，它们那些传统优势学科本身就是人家学校的王牌专业，找工作本来就好找，本来就是无冕之王，被评选为一流学科就相当于有了加冕仪式。其次，短时间内要想让用人单位改变其以往的招聘标准，我个人觉得还是有难度的。毕竟关于教育这方面的改革，我们作为学生、老师是特别关注的，但是用人单位其实并没有我们想象的那么关注，它们只关注自己要招聘什么样的人、应聘的人能给单位解决什么样的问题、带来怎样的收益。所以，我个人觉得，针对“双一流”这个概念，大家要知道怎么利用它带来的好处，而不要以为所有的政策都是一刀切，这一点很重要。

3. 为什么我的师兄师姐都没考上呢?

这也是每年很多同学尤其是“二本”“三本”院校的同学经常问我的一个问题。实际上考研成功只需要做到五点，即正确的选择、与亲友的顺畅沟通、良好的心态、好的学习方法和坚持不懈的努力。所有的失败者肯定是在这几点上出了问题。

(1) 失败原因一：选择的失败

不管是高考、考研还是在我们人生的其他道路上，选择永远都比努力重要。不是说努力不重要，而是说好的选择可以事半功倍。如果一个同学真的努力了，还是没有过初试，那就说明他失败在选择上了。

失败的原因无非就两点：报高了或报低了。

每年不知道自己斤两的人比比皆是，所谓的炮灰就是这些人。在这里我首先想提醒各位同学，考研一定要量力而行。

不要因为你身边所谓的不如你的同学报的学校比较有名，你就一定要报一个比他更有名气的。这样的学生实在太多了。问题是，别人当炮灰，你没必要也去做炮灰。人最难能可贵的就是要有自知之明。说实话，我个人无法理解那些复读五六年也要去读清华、北大的人。我觉得，为达到同一个终点选择一条最近的道路是最明智的选择。(这句话是我的口头禅！)

现在大多数同学考研的目的是要找份好工作，可是在你能考到中央财经大学也能找到好工作的时候为什么非要考北大呢？2009年长春有一个VIP学员，她的底子并不是很好，所以花费一万多块钱报了我们的高级辅导课程。经过我们的测试，以她的水平考个不错的“211”学校还是有希望的。但是她当时的选择是北京师范大学的行政管理专业。原因很简单，她们宿舍有个学习成绩不如她的报考了中国人民大学，所以她要报考北师大。我苦口婆心地劝这位同学，我说：你考个东北师范大学、华北电力大学、中国政法大学不也不错吗，为啥非要冒那个险考北师大呢？她说她咽不下这口气。我说：同学，如果最后你没考上，是怪我们没辅导好你呢还是怪你自己的选择有问题呢？她说：我成人了，我会为我的选择负责的。最后的结果是，那位同学在四级没过的情况下经过我们的辅导过了北师大那年管理学的英语分数线，但是总分比分数线低了两分。后来她见到我，跟我说：张老师，当时听你的建议好了。可是，这世界上没有卖后悔药的地方。第二年她又报了我们的辅导班，考上了一个“211工程”大学。现在她毕业了，工作还不错。所以大家一定要在准备考研的初期——注意，尤其是初期——清楚地认识自己，不要一上来就把目标定为清华、北大等高校。这么多年的辅导经验告诉我，同学们的目标会随着自己复习的情况变化而变化，越变越高的没有，越变越低的很常见。刚开始觉得自己能考个“985”，后来就报“211”，再后来就越报越低。这叫作矫枉过正。结果就会出现报考的另一种失败——报低了！

报低了，实际上是考上了。但是我个人认为这是另外一种更惨痛的失败——杀鸡用牛刀。我每年做讲座都会讲到我一个学生的例子。有一位同学，超级牛，考研考了428分。428分是什么概念？一个正常的人考研大概能考多少分？其实也就是200~400分。低于200分的基本上就说明这个人没有好好复习，高于400分的一定要到医院看一看，说不定这个人的脑子已经病变了！428分的就属于严重病变了。你们知道他最后去哪里了吗？河北农业大学。不是说这个学校好不好，而是说——我个人觉得——428分上这个学校绝对亏死了。我们可以“脑补”一下这位大哥在查成绩发现自己考了428分时是什么感受，心里是成功的喜悦多一些还是沮丧多一些？

另外一个同学更牛，考研考了452分，去了河北大学。像考了452分的人，我不会把他们称为正常人，我会把他们称为“机器”——兢兢业业，就知道学习。这里也不是说河北大学不好，可是452分考到河北大学，大家不觉得这个哥们儿有点用力过猛吗？

真心希望我的学生中不要再出现报高了的同学，更不要出现报得过于低的同学。

后面会给大家介绍选择学校的具体方法，大家一定要认真看。

（2）失败原因二：与家人、朋友沟通不畅导致失败

我想问，你在家人和朋友那里有话语权吗？他们会尊重你的选择吗？

我小时候是天天挨揍的。前两天跟我媳妇聊天，我媳妇说我丈母娘原来特别厉害，在家里她一犯错误，都是我丈母娘出手打她，我老丈人在她面前挡着。然后她问我，在我家里谁打我、谁拦着。我当时哭了，我家里是俩人一起打——混合双打！这是真的。

小时候的我特别调皮，那真是三天一小打五天一大打！我挨打的原因很多，比如吃了邻居给的玉米（我妈教育我，吃人嘴软，拿人手短。从那时开始，我从没白吃过别人一点东西）。比如考试考了第五名，是的，考第五名也挨打，小时候的规则是考试距离前三名差几名回家挨打几个嘴巴，以至我小学三年级就展现出了忽悠人的本领——小学三年级的期中考试，我考了全班第29名，老师要找家长。我心想这回去不被打死啊，我就跟老师说我父母都出差了，三个月后回来。班主任当真了，当场甩给我200块钱说给我吃饭用，吓得我没敢要。后来我父母都知道了真相，直接把老虎打成了猫！到了初中，我就很少挨打了。上了高中，我就已经一米八了，我父母打不动了，便开始唠叨，每天各种唠叨。等我上了大学，父

母的唠叨少了，但是多了一份不放心。你们是不是也是这样过来的？后来我工作了，挣钱了，他们就不唠叨了，遇到什么事情开始倾听我的意见。我说这些是让大家意识到，当你的选择和想法受到父母和朋友（我这里指的是男女朋友）影响的时候，你要充分地理解他们，但是理解不代表放弃，你要学会跟他们沟通，否则后果不堪设想。给大家举两个例子吧。

2012年，有一个同学非常努力，成功地考上了大连理工大学的研究生，但是最后没有去报到，原因是家里觉得大连离家太远。这个同学家是河北邯郸的，是女生。你无法理解？说实话，当时我也无法理解。我问她为什么不跟家里沟通。她说，沟通过了，但是家里还是不同意。她以为考上了，家里就同意了，没想到家里人使出了非常极端的手段——如果她去上学，把父母扔在河北，她就永远别回家。这位同学给我打电话哭了整整两个小时，最后还是没有去上学。实际上这些矛盾都是前期可以晓之以理、动之以情解决的。

另外一个例子是关于男女朋友的。前面提到的那个428分考到河北农业大学的同学，之所以考河北农业大学，是因为他女朋友是河北农业大学的。他女朋友劝说他考河北农业大学，就导致了这个让人哭笑不得的结果。当时他女朋友自认为他学习成绩一般，考不上太好的学校，结果她男朋友考了428分，她自己考了419分。两个人哭笑不得，非常可惜。

有的同学可能会问，如果真的遇到了这种怎么说都说不通的情况，那该怎么办？答案是找虎哥啊！

说实话，我做了这么多年规划老师，很多同学跟家人在选择的学校上有意见分歧的时候都会找我，我会认真地跟家长和同学沟通，认真地给他们分析利弊，通常他们都能达成一致。实际上，在我们辅导班中，这样的老师有很多。如果大家在这方面有需要帮助的地方，可以随时找我们的老师，当然，找我也可以，我要是能帮到大家，绝对帮忙。

（3）失败原因三：心态失衡

每年刚上大三的同学中想考研的人是最多的，随着复习的进行，你会发现之前信誓旦旦要考研的可能慢慢地就不怎么去上自习了，后来可能就弃考了，甚至都没有报名。中途放弃的都是因为心态失衡。那些十分坚定考研的决心，做了详细计划并且去付诸行动的，一般不会出现问题。怕就怕那些意志不坚定、底子不是很好的同学坚持不下去。我说的是你吗？

如果是你的话，你一般会经历这样一个过程——刚开始的时候意志很坚定，要么不考，要考就考个比较好的学校。一般刚开始目标定得会非常高。然后随着复习得不系统，没有详细的计划，再加上自己比较懒，复习结果并不尽如人意，结果一步慢步步慢，每天都觉得自己不可能考上，最后就放弃了。

还有的同学在复习的最关键阶段——11月份、12月份，看到别的同学都找到工作了，自己就乱了阵脚，一边找工作一边复习，导致最需要复习跟进的时候没有足够的精力。

还有的同学复习到某个阶段时因为什么事情突然就看不进去书了……

还有的同学考试前一天晚上特别紧张，根本就睡不着，突然就看什么不会什么，过度紧张导致前两科发挥失常，后面干脆放弃考试了……

实际上导致心态失衡最主要的原因就是自己的考研意志不坚定！

这一点我在前面也说过。其实不管是考研还是做其他任何事情，都是这样，你做不好，不是因为你真的做不好，而是你没有把自己逼到绝路上。

给你们讲讲我的故事吧。

其实我家里条件很不好，很穷！很多同学跟我比穷，说家里穷得连响都没有了。我家原来是没有自己的房子的。我上高中的时候，我们家在县城租住一个平房，当时母亲下岗，父亲工资600元一个月，大冬天零下三十摄氏度，我的鞋底断了，不敢跟家里说，因为要是给我买双比较好的鞋，我们家一个月就不用过了！没有自己的房子，找对象很多都是因为这一点吹的。

当我工作比较烦躁、想放弃的时候，我就会到洗手间洗把脸，然后看着镜子中的自己，问我自己，我将来还想不想过以前那样的生活。我上大学的时候，还是一家三口人睡一铺炕。我跟我父母睡一铺炕可以，可是我娶了媳妇呢？我们四个睡一铺炕？答案是我必须努力，要多挣钱，实现我父母有自己房子的愿望，实现自己的人生价值。当时还出了一件事情，就是当时我女朋友的爸爸给我打电话刺激我。他跟我说：你以后不要再缠着我家女儿，我家女儿生活费都给你花了。我说：第一，我花的比她花的多；第二，我一定会让你后悔你今天所说的话，我一定会让她过上很好的生活！

我想说的是，各位同学，你真的想好要冲着你的目标使劲了吗？别着急回答我。你真的如成功者般坚定的话，那么收起你杂乱的心绪，去迎接你真正的挑战吧！

（4）失败原因四：方法不得当

在考研的过程中经常出现这样的情况：两个人天天在一起上自习，但是成绩差别很大——一个分特别高，另外一个很努力，但是分很低，这就是方法的问题了。

可以说考研是一场战争，只有战略和战术上不犯严重的错误才能打赢这场战争。

常见的战略错误有选择的失误、复习计划不科学、严重偏科、自制能力不强、没有按照考试的规则要求自己等。

比如在实际案例中经常出现总分很高但是单科不过线的情况，很多同学大学英语四级过得很勉强，甚至没过四级，但是报考的院校是自主划线院校。曾经我们有一个学员报考浙江大学，总分考了380多分，英语居然奇迹般地考了不到40分。当我问他为什么没有报英语辅导班的时候，他居然跟我说，师兄告诉他英语辅导班没什么用，都靠自己看。殊不知，人和人是不一样的，人家不需要不代表你不需要。

而战术上的失误通常都是某一科复习的要点与考试要点出现严重偏差。比如有的同学定下来院校和专业后开始着手找专业课资料。但是由于教育部的规定和有些学校的政策，目标院校的真题是很难找到的。有的同学没有找到真题就开始按照自己学校的考试题型和内容进行复习，结果考试的时候发现真题与自己的复习内容偏差特别大。实际上，当你找不到目标院校真题的时候，完全可以求助于当地的辅导机构，甚至报一个专业课辅导班，由专业的老师进行分析讲解。

这里不得不提到的就是辅导班。

有的时候你们总觉得我跟你们说这些是套路，可是，同学，这就跟你看病是一个道理，你知道自己哪里有问题、哪里不舒服，你非得忍着，非得像别人所说的那样，自己挺一挺就过来了。还是那句话，人和人不一样。你真觉得你自己能行吗？人张嘴不光是为了吃饭的。有的东西你自己怎么搞都搞不懂，搞了半天也搞不明白，心里只是想着，哼，都是套路。你觉得你赢了，其实你输了。

有的同学跟我说：张老师，市面上辅导班太多了，我到底该选择哪一个？其实我想说的是，选择辅导班就是看一点——你觉得哪个老师讲得好，你就报哪个辅导班。因为对于辅导班来讲，老师好才是真的好，其他都是假的！可是现实情况是，你们在选择辅导班的时候，几乎都没有听过这个辅导班老师的课，直接就报了。有的同学报班是因为自己的同学是某一个辅导机构的代理，有的同学报班是因为身边有人说某个老师讲得好，有的同学干脆比较了一下，谁家便宜报谁家：这些做法都是不可取的！你一定要自己去听一听，都听一下，比较一下！这才是对自己负责，对父母的钱负责。

包括我的辅导班。

我这里澄清一下，我早已离开海某辅导班。

我现在在做自己的品牌机构，叫作研途考研，下辖志翔考研和沪江网校考研板块。

我在设立辅导机构的时候，一个最大的原则就是，老师一定要最好的。所以我们请到了政治徐涛老师团队、英语屠皓民老师团队、数学杨超老师团队。这是我认为目前国内考研这方面讲得最好的三个团队的老师。有的人会说：张老师，你就吹吧。我是不是吹的，你们自己去看这些老师的视频。如果你觉得我们的老师好，那你选择我们；如果你们觉得我们的老师不好，那你就报别家辅导班。

而我为什么去跟沪江网校合作开发考研课程？就是因为大家上学的地方不同，而老师的精力有限，我们很难每个城市都跑到，尤其是一些三、四线城市，互联网就很好地解决了这些问题，能够让大家不管在什么城市、什么时间，都可以跟着名师学习，一遍听不懂就听两遍，直到你听懂为止！而且我们利用资金优势，聘请了全国重点大学、重点专业的研究生来做你的专业课辅导，这样从公共课到专业课、从初试到复试全面解决大家的考研问题。而在暑假期间，大家都有时间进行冲刺复习的时候，我们会将大家集中到一起，进行面授，这样大家平时在网上看到的老师都会面对面地跟大家讲课、沟通，晚上晚自习的时候解答大家的疑问，对大家不会的问题随时解答。

所以说，辅导班，你觉得有用就有用，你觉得没用就没用。我们是把很多你自己要做的事情代你做了，就是这么简单。而你，只需要安心学习，并且有有经验的老师来指导你。

不多说了，说多了又该被认为是套路了。

（5）失败原因五：死在终点线前

没过初试的人叫作炮灰，过了初试、没过复试的就是“烈士”了！考研就像一场看不见对手的马拉松比赛——没到终点线，你永远不知道你的竞争对手跑得多快！

很多同学有一个误区，觉得过了初试，复试就没问题了。你去问师兄师姐，很多不负责任的师兄师姐也会说，只要过了初试，复试不出太大意外就没问题。殊不知，复试出意外的可能性很大！

现在很多学校的复试权重很大。初试只是你进入复试的一个门槛，而是否录取完全看你复试的表现。试想一下，如果你是复试的老师，你看到一个学生长的就不是你喜欢的类型，说话也不是很好听，说英语说得跟小学生似的，专业课问题问啥啥不会，纵使他初试成绩再高，你会要这样的学生吗？复试就跟相亲差不多，在相亲之前你没见过这个人，对方的基本情况你都了解，比如干什么工作的、照片上什么样，但是见了面你才知道那个人适不适合你。导师见你跟你见相亲对象差不多。你得对你要见的人有个全面的了解，才能知道他喜欢什么类型的、他关心哪方面的条件。所以大家一定要对复试重视起来。对不知道的可以问，千万别自己瞎准备。除非听你目标院校目标专业的师兄师姐给你介绍经验，其他学校同一专业的师兄师姐告诉你的复试情况就是他自己的故事，对你来说没有什么可借鉴的地方，关于这一点，后面我也会说到。

总结了大多数失败的人的经验教训，相信你会发现一个结论：这些结果都不是不可避免的！那具体应该怎样去做呢？往下看！

4. 复习前的准备工作

你准备好了吗？

（1）精神和心理上的准备

哥们儿，你要准备好你的自信心，告诉自己："我能行！"还记得那个在中央电视台的大哥吗？当年他说要准备考研的时候，他同宿舍的同学都快笑掉大牙了，说：如果你考上了，我们就出家。那位大哥什么也没说。现在那几个人虽然没有出家，但聚会的时候都会非常自觉地自罚三杯，再加上一句"我服你了！"。

哥们儿，你要准备好你的恒心，告诉自己，既然选择了这条道路，就要坚定不渝地走下去！纵然地震时在往外跑的路上也要想着地震这个单词叫作earthquake。

哥们儿，你准备好这一年的汗水了吗？炎炎夏日，在你们学校的自习室里，在我们辅导班的课堂上，看到你的汗水时，张老师一定给你递一瓶矿泉水——它将变成你成功后幸福的泪水！

哥们儿，你准备好要孤独一年了吗？别人打牌的时候，你在上自习！别人出去喝酒了，你在上自习！别人逛街去了，你在上自习！别人在网络游戏里鏖战时，你还在上自习！虎哥要告诉你，在你成功的道路上，孤独是你的风格，是你的垫脚石！

哥们儿，如果你的男朋友或者女朋友因为你考研而疏于关心她或他而要跟你分手，你承受得了吗？是你的会是你的，不是你的，你不考研，也不一定属于你。

如果这些你都想过了，那么虎哥恭喜你，你已经是个百毒不侵的斗士了。俗话说，胆小的怕胆大的，胆大的怕不要命的。你赢了！

（2）身体上的准备

考研实际上也是体力活儿，你得坚持住。每天拿出点时间跑两圈，锻炼锻炼身体。每天要吃饱睡好，别每天随便弄俩包子在教室里填肚子，也别每天五点起床、晚上十二点睡觉，如果那样做，你最后考上的不是研究生院，而是精神病院。

（3）以前叫银子，现在叫money

该买书买书，该报辅导班报辅导班。钱是挣出来的，不是省出来的。虎哥也上过大学，知道大家的心理，干啥都有钱，就是学习时没钱。出去吃饭、唱歌、旅游，几乎没见过大家捉襟见肘，一到学习上就不一样了，买书就问有没有盗版的，报辅导班就问哪个班最便宜、能不能打折。其实知识上的投资是回报率最高的。我每年光买书就要花掉6000元左右。说实话，买的书我看不完，有的书根本没看过！但是我看到的一点东西在工作上起到了作用，我这一辈子的书钱都能赚回来！何况，这些真是钱能衡量的吗？

（4）考研团队的建立

当你觉得自己一个人复习的时候太孤独了，那就该找个考研伙伴了，也别随便拉一个就搭伙复习。选对考研伙伴跟选对学校与专业同样重要。

以下几种人千万不能找：

跟你考一个学校一个专业的，尽量别找，因为你们不是考研小伙伴，你们是竞争对手。哪天你们上自习的时候打起来，别怪我没提醒你。

那种坐不住板凳的，尽量别找。因为他总诱惑你回宿舍或者出去干点别的，而你似乎总会经不住诱惑！

那种没什么自信的，尽量别找。这种人从决定考研开始就从没觉得自己能考上过。他开始天天念叨自己考不上，重在参与。后来他会觉得你也考不上，严重影响你的自信。

要建立考研团队，首先，人员不要太多，毕竟你建的是学习小组，而不是帮派。其次，你们的优势学科最好能够互补，这样有什么不会的问题，彼此都能帮助解决。当然，大家都要有考研的决心，都要坚定不移走下去。最后，大家要相处得来，要坦诚，有什么资料、资源和好的学习方法，大家共同讨论，共同分享。

最简单的办法是，选三个小伙伴，组成一个考研小组。你们四个人每个人出500块钱，加在一起就是2000元。然后做个规定，每天早上八点，有课上课，没课上自习；下午两点，有课上课，没课上自习；晚上七点，四个人一定一起上自习。一周有六天这么做，迟到一次罚款50元，缺席一次罚款100元，这笔钱用于给那些坚持下来的人买考研资料。你们觉得这个主意怎么样？

如果你都准备好了，那咱们就开始复习吧！

第二章

考研复习前你要知道的事情——考研基本常识

1. 研究生的分类：你想考哪种?

（1）全日制研究生和在职研究生

顾名思义，全日制研究生就跟你上大学、上高中一样，你只是做学生。而在职研究生就是一边工作一边上学，或者你可以挂职去读研究生。全日制研究生是天天上课，在职研究生就是平时上班，周末上课。

有的同学会问这样一个问题：我先工作再考研行不行？我工作的时候考在职研究生行不行？

这里我要重点说明的是，在2016年之前，全日制研究生和在职研究生有个重要的差别：全日制研究生毕业后是双证齐全的，即毕业后既能获得毕业证也可以获得学位证；而在职研究生大多数都只能拿到单证——只有学位证，没有毕业证。没有毕业证就意味着在职研究生毕业后学历并没有得到相应的提升，仍然是本科。

但是根据教育部的最新政策，从2016年开始，在职研究生的10月份联考取消了。你没有看错，取消了！注意，我说的是取消10月份的联考，没说取消在职研究生招生。

国务院学位委员会办公室印发的《关于2014年招收在职人员攻读硕士专业学位工作的通知》要求，从2016年起，不再组织在职人员攻读硕士专业学位全国联考，除高级管理人员工商管理硕士外，其他类别的在职人员攻读硕士专业学位招生工作，将以非全日制研究生教育形式纳入国家招生计划，参加全国硕士研究生统一入学考试。

在职研究生考试原来是一年有三次机会。第一次机会是5月份的同等学力申硕。这次考试并没有取消，这种申硕需要申请学位的学生有学士学位，答辩结束后，只有学位，没有学历，也就是学历还是本科。第二次机会是原来的10月份在职研究生全国联考，考取毕业后也是只有学位证，没有毕业证。这次取消的就是10月份这次考试。还有一次是12月底全国硕士研究生统考，考取毕业后拿的是双证！其实我们传统意义上说的考研就是指12月底这次考试。

再详细地说一下这件事情，因为这件事情原来是跟应届生没有关系的。在本书第一版之前，在职研究生或者说非全日制研究生跟我们应届生是没有关系的，从2017年入学的研究生开始就跟我们应届生有关系了，结果很多人对这一块没整明白，最后导致了非常严重的后果。

在前面的叙述中，我们说得很明白，在2017年之前入学的在职研究生是只有一个证的，就是学位证，没有毕业证，没有毕业证意味着学历还是本科。

这里请大家一定要注意这部分在职研究生的学历证书是什么证书——不是毕业证书，是学位证书，千万别搞混了。也就是说，这些在2017年之前读在职研究生的人，读到最后学历还是本科，这帮人出去后说自己是研究生，却拿不出毕业证，但是他们确实读过在职研究生。

太乱了。

所以，国家学位办出台的这个政策就解决了这个问题。简言之，从2017年开始入学的在职研究生将拿到双证——毕业证和学位证。也就是说，从2017年开始，在职研究生的含金量比以前提高了很多，毕竟有毕业证了，从学历上讲，是研究生了。

但是，提高在职研究生的学历，增加在职研究生的含金量都可以，国家也得提高对在职研究生的要求。怎么提高呢？规定中和实际执行的时候，在职研究生必须跟应届生一起参加12月份的考试，用一样的卷子，用一样的分数线。

这么一改，一下子出现了很多很多的变化，甚至很多变化是我们始料未及的。

首先，考研人数出现了大幅度的增长。2017年入学年考试，考研报名人数从177万上升到了201万，实际上多出来的这些考生大多数都是那一年10月联考取消以后跑过来跟应届生一起考试的报考在职研究生的人。没想到，2018年、2019年入学年考试人数一下子蹿升到了238万和290万。可以说，提高在职研究生的含金量，是考研人数三年上升100多万最直接的原因。（跟我火可能有1%的关系。）

另外一个政策，用一样的卷子，用一样的分数线，直接给应届生调剂到非全日制研究生提供了通道。

如果你现在报考全日制研究生，是极有可能遇到下面这种情况的。

比如一个学校全日制招生人数50人，非全日制招生人数50人，但是全日制全国一共有400人报考，而非全日制研究生有20人报考，很明显，非全日制研究生的生源是不足的。那么学校会怎么办呢？它很有可能会扩大全日制研究生的复试差额比，让更多的人进入复试，然后问：同学，你考我们学校的全日制研究生没有考上，我们学校你这个专业的非全日研究生有调剂名额，你调不调？你选择调剂，那么你报考的是全日制研究生，结果上的就是非全日制研究生。当然，你可以选择不调剂非全日制研究生，可以调剂到别的学校的全日制。

那你到底调不调呢？

调不调看两点：

第一点，看你掏不掏得起学费。

我们后面会讲到学术硕士和专业硕士。非全日制研究生都是专业硕士，没有学术硕士。全日制专业硕士的学费一般便宜点，每年一万出头，贵一点的，五万的也有，而非全日制专业硕士学费一般是每年三万起，十万也正常，甚至有的学校达到每年学费十万以上。这对考生家里是一个非常非常大的负担，尤其是应届生。所以大家一定要注意，很有可能你会给家里造成极大的经济压力和负担。但是，一方面有的同学确实不差钱；另一方面，确实随着经济的发展，大家的消费观念已经从所谓的理智消费变成品质消费了，比如大家出去吃火锅，原来可能看谁家便宜选哪家，现在大家更关注消费体验、消费品质。有的同学就说了：张老师，只要值，这笔钱我愿意花，那关键就是它值不值了。这是我们下面要讨论的话题。

第二点，到底值不值呢？

先来看一封看起来不那么舒服的一封信。

在职研究生写给教育部陈部长的一封信

我们是非全日制硕士研究生的代表。首先，感谢您能在工作百忙之余抽空阅读这封信；其次，感谢党和国家给予我们进一步学习的机会；再次，感谢党和国家给予我们更加多元的学习方式。我们会倍加珍惜、努力，不负党和国家的期望，不负学校领导老师的培养，不负父母的血汗艰辛。我们会尽自己最大的努力达到和全日制研究生一样的学习水平，“衣带渐宽终不悔，为伊消得人憔悴”。

但是，令人遗憾的是：目前党和国家的就业政策，根本就没有把

“非全”考虑在内，或者把“非全”视同以前的“在职研究生”予以排斥、歧视。无论各级党委政府的人才政策，还是许多事业单位、军队文职、学校、国有及国有控股公司的招考，都是一律强调“全日制”学历身份。在一些地方和单位，甚至连注册即入学的专科都是可以引进落户、奖助的人才，而“非全”研究生因为多了个“非”字，不仅享受不到任何的奖助政策，甚至连一个参加考试的资格都没有。

…………

若此，党和国家又何苦出台“统筹全与非全研究生培养”的改革举措？

若此，学校老师又何苦调配这么多培养资源？

若此，辛劳父母又何苦负担如此高额的学费？

若此，我们自己又何苦选择这一“非全日制学习方式”？

愤懑郁结，千言万语，只有，也只有向您以及通过您向尊敬的各级领导诉说。

一、我们为什么选择非全日制学习方式研究生？

“非全”研究生学费不菲(几万到十几万不等)，无任何奖助，不享受助贷，不安排住宿。学费、房租费、生活费、往返学校学习的交通费，几项相加，费用高昂，对有工作的“非全”都是不小的压力。更何况大部分“非全”应届调剂而来，无工作、无收入、无积蓄，更是压力巨大。没有父母的鼎力相助，读“非全”根本不可能。即便如此，我们还是下决心接受调剂了“非全”，何也？只因父母及我们共同笃信党和政府做出的庄严承诺：全日制和非全日制研究生实行相同的考试招生政策和培养标准，其学历学位证书具有同等法律地位和相同效力(〔2016〕2号)。更何况这是在中国特色社会主义新时代，以习总书记为核心的党中央领导下推出的“教育改革”新举措，就更令人铁信无疑！这是首要的政策前提、权威前提，没有这一前提，我们宁愿不上，也不可能选择非全日制的学习方式。……

其次，从小学到大学持续十几年的校园教科书学习，让我们深刻体会到：纸上得来终觉浅，绝知此事要躬行。“非全日制学习方式”确实更契合专硕培养特点，把理论和工作实践紧密结合，能弥补我们长期理论学习的不足，克服眼高手低，提高工作技能，正好国家提倡认可，何乐而不为。

再就是，“推免”比例日趋扩大背景下，统考考研真不容易。回忆自己一幕幕的拼搏努力，那也是别人花前月下，自己挥汗如雨换来的。既然“全”与“非全”具有同等法律地位和效力，调剂非全也算是给自己付出的一个交代吧。

最后，就是这部分备考知识已经基本掌握，再重复学习也不利于知识水平的提高和创新能力的培养，还是得继续往前赶、往前看。

二、“非全”的实际学习情况

（一）入学。同一招考政策，保证了“非全”和“全”同等的生源质量，有点差别，也仅仅是在复试中的面试环节，老师的主观认知不同。具体来说：同一学校、同一专业，“非全”比“全”复试分数略低，有些仅仅是零点几分之差，并无本质区别。就不同学校、不同专业而言，一些双一流大学“非全”可能优于一般大学“全”。如：“双一流”考研竞争激烈，部分入围复试的同学仰慕名校，放弃调剂一般院校“全”，选择“双一流”“非全”，这部分“非全”就不一定比一般院校“全”差。再就是，一些热门专业“非全”可能优于冷门专业“全”。目前诚信环境下，一些统考“非全”也可能优于一部分“推免”。“全”与“非全”没有绝对的谁高谁低，更何况还有三四年的学习培养。

（二）学习方式。尽管教育部规定：“非全”在从事其他职业或者社会实践的同时进行非脱产学习。但实际情况却是：（1）由于研究生阶段实行全国统考，对于在职工作人员来说考研难度加大，所以参考和录取的人数并不多。（2）大部分“非全”由应届调剂而来，本身没有工作，为集中完成学业，主动选择“全日制”学习。（3）因学校资源限制或者导师不愿意牺牲节假日为“非全”单独授课，只有被迫选择全日制学习。（4）即使“周末节假日”授课，在中国目前劳动环境下，除体制内单位（机关、事业、军队、国有公司等）可以调剂提供学习时间外，一般企业不可能为你统筹安排学习时间。再加上就读学校、工作单位距离较远，学习紧张，疲于奔命，根本无法工、学兼顾，只有辞职，选择到学校附近打短工，维持学业。（5）只有很少部分体制内工作的“非全”可以工、学兼顾。如：教育专硕，有寒暑假可以利用。

（三）学习时间：选择和“全”一起学习的“非全”，没有任何差别。选择集中授课（周末或寒暑假）的“非全”，或者通过延长学制（如：有些专硕，“全”2年，“非全”3年），或者通过课后自主学习的办法，补足课时。例如：全日制同学周一至周五，假设授课20课时+自主学习20课时，那么工、学兼顾同学可能周六、日及晚上、节假日集中授课20课时+自主学习20课时。即总课时一致，具体学习时段不一样。

（四）培养标准：学校、老师严格履行教育部相关规定，我们更是不敢怠慢，否则连毕业证都拿不到。对于选择全日制学习或者延长学制（如：教育专硕，“全”2年，“非全”3年）的“非全”可能还相对轻松些，但对于周末、节假日集中授课的“非全”，压力更大，付出更多。由于既要工作，又要学习，只有别人放眼山水，他埋头苦读，实验；别人酣然入梦，他挑灯夜战，科研。见证他们努力的老师、同事、家人，感动、心痛，直呼不易！

可见，选择全日制学习的“非全”与“全”，没任何区别。少部分工（包括打零工）学兼顾的“非全”，在保持总学时和全日制一致的前提下，也仅仅是具体学习时段不同而已。

三、我们的目的

持续十几年的学习，精神疲惫，花费不菲，年龄偏大，可我们仍继续拼搏，所为何？一则做个对国家、社会更有用的人，二则也是为了有更大的发展空间。有工作的，渴望寻求更好的发展；没工作的（包括打零工），更是渴望一份适合自己的工作机会。

四、担心和焦虑

可是，由于至今没有相应“非全”就业政策，“非全”面临严峻就业形势和尴尬的身份认同。只要一提起“非”字，就面临社会歧视、就业排斥，好像我们不是在读研究生，而是做了什么见不得人的亏心事！社会上挺不起胸，亲朋好友面前抬不起头。

同学们普遍担心：费这么大精力、花费父母这么多血汗钱，到时就业还要受到歧视和限制。同时，由于不被招考单位承认，也无法做出学习、实践和就业的规划。

同样的入学标准，同样的培养标准，同样的学习时间（前文提过集中授课的或延长学制或课后补足），无任何奖助却承担高昂学习、生活费用，结果到头来连一个报考资格都没有，搁谁谁心里好受啊。

毕竟没人愿费这么大精力，花这么多钱去读一个就业受歧视和限制的文凭。学费花了，我们（父母）可以再挣；学习累了，我们可以休憩；可是时间呢？逝者如斯夫，不舍昼夜。

五、困惑

按理说教育部推出“非全研究生培养新模式”，也是贯彻落实党中央、国务院《关于深化教育体制机制改革的意见》的重要举措，具有很高的权威性和很强的政策性，理应得到贯彻落实。可是为什么各级党委政府组织人社部门以及体制内用人单位就可以不落实呢？可见，正如习总书记所指出的：贯彻党中央精神不是喊口号。

再说，教育改革绝不是教育部一个部门的事情。既需要顶层设计，更需要相关部门协调配合。如果说“同一招考政策，同一培养标准”的贯彻落实，有赖于教育部、各招生高校，那么“同等法律地位和效力”的贯彻落实就仰仗于各级党委政府组织人社部门，否则，党中央、国务院的方针政策就是一纸空文。

六、他山之石

其实“非全”研究生就业权益很好解决，早有先例，只是为与不为。

例1：2009年3月教育部发布《关于做好全日制硕士专业学位研究生培养工作的若干意见》。当时“专硕”也是不被社会（包括体制内单位）认可。2010年3月教育部及时出台《关于构建全日制专业学位硕士研究生就业服务体系有关工作的通知》，维护了“专硕”就业权益，也为日后专硕的蓬勃发展奠定了政策基础。

例2：对海外留学同学规定：海外留学人员获得教育部留学服务

中心出具的学位、学历认证后，可报考招聘同等学历层次国家统招全日制毕业生的岗位。试问如果没有这一规定，会有那么多倾家荡产的家庭送孩子出国留学，帮助拉动外国经济吗？

例3：对技校（学院）同学规定：取得高级工、预备技师职业资格毕业生，分别按照全日制高职（大专）、本科毕业生应聘符合条件的岗位。

所以，循此惯例，只要党和国家职能部门出台类似规定，就没有问题。例如：把“全日制硕士研究生”改为“统招硕士研究生”就既落实了规定，又反映了研究生改革成果。至少我们可以在体制内单位，获得与全日制研究生同等的就业机会。

七、诉求

毋庸讳言，“同等法律地位和效力”首先应体现在就业环节：“非全”与“全”拥有平等的就业机会。如果连报考的资格都没有，谈何“同等法律地位和效力”呢？

可是，教育部出台“非全”改革举措两年了，对于“非全”研究生遇到的就业困境、社会歧视，至今也没有人真正关心过。问老师，老师不知道；问学校，学校不回答。致电国家职能部门，不是没人接电话，就是不置可否。以致全国各地高校的“非全”同学只有通过QQ群、微信群，交流沟通，形成巨大的舆论“堰塞湖”……

思虑再三，经过与全国各地高校“非全”同学沟通交流，只有，也只有向您以及通过您向尊敬的各级领导求助。

“非全”和“全”，都是祖国的儿女。头顶同一片蓝天，脚踏同一片大地，当祖国有难，“非全”有保卫祖国的义务！在祖国和平的怀抱，“非全”也恳求党和政府给予同等竞争机会和公平对待。

“非全”和“全”，都是同等次的学历群体，更有教育部相关政策规定，没有高低贵贱之分，只有水平高低之别，理应公平对待，平等竞争。

因此，我们跪求：党和政府徙木立信，在就业环节，至少体制内单位能够带头落实教育部关于“全”与“非全”具有同等法律地位和效力的规定，给予“非全”同学一个报考资格。仅仅一个资格，竞争取胜，心怀感激；竞争失败，毫无怨言。

八、一点想法。可能没有多少道理，望领导原谅。

1. 可否像2010年出台《教育部办公厅关于构建全日制专业学位硕士研究生就业服务体系有关工作的通知》（教学厅〔2010〕年3号）那样，出台“非全专硕就业服务政策”，为“非全”的发展奠定政策基础。

教育部推出“非全”培养方式，更加契合专硕特点，更加符合技能人才成长规律，更加符合成年人（研究生年龄较大）心智特点。对于改变重理论轻实践、只有学校学习才算学习的陈腐观念有重要意义；对于促进理论实践结合、改变眼高手低有重大作用，本应广受欢迎。之所以遇冷，就是因为就业环节没有落实“同等法律地位和效力”的规定，让人看不到希望。

2. 可否考虑“非全”绝大部分由应届调剂而来，无工作、无收入、无积蓄的实际，给予一定的奖助激励和助贷支持。首先，非全日制硕士研究生之中也不乏在初试和复试过程中成绩名列前茅者，他们第一志愿就报了非全日制学习方式，正是因为坚信教育部改革的效力，理应有获得奖学金资格。其次，脱产的非全日制研究生没有固定工作和收入，且学费高昂，可否给予助学金和助学贷款支持，不能让非全研究生成为

“有钱人才能上”的，这样也违背了我国“教育公平”的宗旨。

3.可否恳请各级党委和政府组织以及人社部门，率先配合并落实国家和教育部出台的“全日制和非全日制研究生实行相同的考试招生政策和培养标准，其学历学位证书具有同等法律地位和相同效力”的相关规定，给予非全日制硕士研究生同等的参与体制内考试的资格。

4.可否不用“非全日制”命名、标注学历。因为“非全日制”已经形成约定俗成的社会概念，即专、本科段的“成人继续教育学历”和研究生段的“在职研究生”。由于该类学历入学、毕业标准相对宽松，社会信誉不高，社会歧视严重。用严重歧视化的概念给新生事物命名、标注，难免造成概念混乱，再说，研究生按不同标准分：统考、联考、单独考、推免；定向、非定向；全日制、非全日制等。其他都不命名、标注，为何独独要对“非全日制”命名、标注?

既然“全”与“非全”同一标准，那么就像发达国家一样：只要达到同样质量标准，就颁发同样的学历、学位证书，也避免了社会偏见、歧视，多好。

5.鉴于很多“非全”脱产学习的实际，是否可将原先的学习方式规定改为：在从事其他职业或者社会实践的同时，采取多种方式和灵活时间安排进行非脱产、脱产学习，并据实标注学习方式。这样就是根据事实调整政策，而不是用政策框定事实。

6.坚决维护“非全”研究生的严肃性。有社会利益群体以各种理由强调“非全”的特殊性，抱怨“非全”的严肃性、规范性，妄想党和国家再次降低“非全”标准，以期实现：学员不想出力还想镀金贴身的企图，培养单位多招生、多创收的目的。对此，我们“非全”坚决反对！研究生是高层次学历、学位教育，代表国家高水平的教育质量、科研水平，坚决不能降低标准。千理由万理由，要想获得知识，就要付出辛劳。

愿党的方针政策能得到尊重，愿总书记的教导能得到遵循，愿公平正义的阳光温暖每个人的心灵，愿所有非全硕士研究生能获得同等竞争的机会和公平对待。

上面这封信是因为2018年暑假非全日制研究生在找工作的时候受到了种种歧视，由非全日制研究生代表写给教育部陈部长的一封信。这封信可以说写出了非全日制研究生在国内的尴尬现状，以及找工作时受到的种种歧视。

2020年，教育部办公厅等五部门印发《关于进一步做好非全日制研究生就业工作的通知》（教研厅函〔2019〕1号），明确用人单位招用人员应当向劳动者提供平等就业机会。各级公务员招录、事业单位及国有企业公开招聘要根据岗位需求合理制定招聘条件，对不同教育形式的研究生提供平等就业机会，不得设置与职位要求无关的报考资格条件。各地要合理制定人才落户条件，精简落户凭证，简化办理手续，为不同教育形式的研究生提供平等落户机会。

那我们还要不要去读非全日制专业硕士呢？

实际上，非全日制研究生本身是为了那些有工作的人设立的研究生项目，目的是让有工作的人充电，但是因为已经工作的人复习时间并不宽裕，导致大部分学校的非全日制研究生确实存在招生困难的现象，实际上不是考的人少，是过国家线的人少，毕竟考试卷子跟应届生考试卷子一样，难度很大（尤其是工程硕士，就是考数学的专业）。有的同学说，工作后一边工作一边考研。我想说，在你大三这一年几乎没什么事的时候不考研，为什么要等到工作的时候边工作边考研呢？因为工作后你几乎没时间去学习，当然不是说完全不可能，而是说概率很低。我们拿北京为例吧，在北京上下班的路上单程平均就要花费一个半小时。你若是九点上班，最起码要七点起床，六点下班，到家吃完饭估计都得八点多了。你觉得你有什么时间学习吗？周末你也不太会想去学习，因为你会觉得在家睡觉是十分有必要的。

总结一下，两句话：

第一，如果你是应届生的话，想考研尽量在大学期间考，你工作以后真的没有时间去学习；

第二，如果你是应届生报考全日制研究生，万一在复试过程中遇到调剂到非全日制专业硕士的机会，一定要慎重，考虑好。我个人是否建议你去读，你只要再仔细意会一下我的意思就明白了，我就不直接说了！

（2）学术硕士与专业硕士

在虎哥大学毕业的时候（2007年），应届生可以考的专业硕士研究生只有一种，就是法律硕士（非法学），那个时候其他专业的学生考研只能考学术型研究生。那个时候的专业硕士除了法律硕士（非法学），其他的专业硕士研究生都是不准应届生报考的。

我们来看看应届生读专业硕士是怎么回事吧。

2009年9月份秋季入学的时候，应届生第一年可以读专业硕士。注意，是可以读专业硕士，而不是可以报考专业硕士。2008年，全球爆发了非常严重的经济危机。2008年全国毕业生600万左右，2009年达到610万。为了缓解那一年的就业压力，教育部在2009年春节过后临时扩招了5万名专业硕士研究生，专门用于招收应届生。也就是说，在2008年10月份报考的时候，同学们还不能报考专业硕士研究生，但是2009年秋季入学的时候很多同学读的是专业硕士。

2010年考研是应届生可以大面积报考专业硕士研究生的第一年。并且从2010年开始，国家减少学术型硕士研究生的招生名额，减少的名额用以增加全日制专业硕士研究生名额。当时能报考的专业硕士研究生只有19种专业。而随着专业硕士的发展，2019年，专业学位招生的比例首次超过了50%，针对行业产业需求设置了47个专业学位类别，基本覆盖了我国主要行业产业。2020年9月，国务院学位委员会、教育部发布的《专业学位研究生教育发展方案（2020—2025）》中指出，到2025年，我国还要增设一批硕士、博士专业学位类别，要将硕士专业学位研究生招生规模扩大到硕士研究生招生总规模的三分之二左右。

目前部分高校的专业硕士研究生报考比例甚至超过了学术型硕士研究生。而中国之所以鼓励应届生报考专业硕士研究生，除了为了缓解就业压力，最主要的还是为了跟国际接轨——在欧美发达国家，专业硕士研究生的招生比例是超过学术型硕士研究生的。

最麻烦也最令你头疼的问题来了！各位同学，你是考学术型硕士研究生呢，还是考专业硕士研究生呢？

每年同学们几乎都会问我这个问题：虎哥，学术型硕士好还是专业硕士好？说实话，这个问题太片面了。德国伟大的哲学家黑格尔有句话，存在即合理。学术型硕士和专业硕士各有优点，也各有不足，单纯地说哪个好就太片面了，而你作为考生，需要知道的是它们到底有什么差别。

差别一：培养目标不一样。

学术型硕士教育是要把你培养成一个理论研究型人才，而专业型硕士教育要把你培养成一个实际操作型人才！

来具体说说吧！

首先，你会发现这两种研究生学制是不太一样的，学术型硕士大多数是三年学制，专业硕士大多数是两年到两年半的学制（注意，我说的是大多数，不是绝对！学术型硕士也有两年制的，专业硕士也有三年制的）。那我们在研究生期间都会干什么呢？

学术型硕士研一期间就干一件事——上课！研一期间，你会把研究生期间所有的课程都上完，天天上课。而研究生上课跟本科生上课最大的差别就是你没法逃课，原因是研究生上课的时候人太少了。尤其是文科专业，一起上课的可能连十个人都不到。如果你长得有点特点，你缺席，老师不用点名就能一眼看出来。研二的时候，学术型硕士研究生要做一项重要的工作，就是做项目做实验。当然，文科类专业没有实验可做。研究生的导师都会承接一些项目，去搞科研，而导师自己是无法单独完成一个项目的，他所带的研究生就是最好的劳动力。

有的同学会问：如果我跟着导师做项目，会有钱赚吗？我的了解是，看你学的是什么专业，跟着什么样的导师。一般情况下，社会人文学科专业老师的项目一般都不大，换句话说，相应的科研经费很少。在这种情况下，研究生的补助就不会特别多。而理工类专业因为承接的项目比较大，而且科研经费经常上百万甚至上千万，所以理工类研究生跟老师做项目得到的补助相对较多。

当然也要视老师情况而定。有的老师很大方，有的老师确实很小气。几乎天天请学生吃饭的导师我见过，克扣研究生补助甚至要求研究生送礼的导师我也见过。大多数研究生导师的人品还是比较好的，害群之马毕竟比较少，大家也不用太过担心。而学术型硕士研究生研三最重要的事就是写毕业论文，当然还有找工作。其中，写毕业论文是研三期间的头等大事。到了研三上学期，大家相互打招呼的口头禅不是“你吃了没”，而是“你开题了吗”（毕业论文的开题报告）。

一般情况下，研三上学期开始写开题报告，列出自己毕业论文的提纲，交给老师后，一般是不合格的。来回两三次后，提纲合格，开始写论文，然后就开始天天泡图书馆，抱着电脑查阅各种资料写论文。写好论文后交给老师，一般第一次绝对不会合格，经过反复的修改，最后论文合格。在研三下学期，学校会组织硕士研究生毕业论文答辩，答辩通过后，研究生顺利毕业。很多人担心自己会不会因为毕业论文不通过而导致研究生毕不了业。虎哥要告诉你，研究生是很好毕业的。研究生跟本科生一样，在中国基本上采取的是严进宽出的体制，即考上不容易，但是毕业相对容易。

而专业硕士研究生的学制大多数是两年到两年半。第一年，专业硕士研究生跟学术型硕士研究生一样去上课。而且大家会发现同一个专业的学术型研究生和专业型研究生上的专业课一般是一样的。因为说到底他们还是学一个专业！而在第二年，学术型硕士研究生在做项目做实验的时候，专业型硕士研究生的同学在干吗呢？在实习！去企业实习。

这就是为什么咱们国家招收学术型研究生招收得好好的，突然要大力扩招专业型研究生。因为咱们国家培养的学术型硕士研究生会考试，会写论文，会背书，就是实际操作能力不行。

例如，2009年，上海要建设成为国际金融中心，大力吸引外资银行，着力培养本土银行中坚力量，导致当时的金融人才缺口近百万，而各个大学疯狂招收金融专业的本科生和硕士研究生，导致所谓的人才过剩。为什么金融人才缺口那么大而大学生却找工作难？因为我们本科阶段的学习很少涉及企业的实际操作，比较偏向理论，学术硕士研究生也有这样的问题。而专业硕士研究生在研二期间实习正是要培养干活儿的能力。为了培养这种干活儿的能力，两种研究生的导师设置也有所差别。

学术硕士研究生的导师大多数实行单一导师制，即学生在读研期间只有一个导师——你的导师研究什么，你就跟着研究什么。而对于专业硕士研究生，很多学校都实行双导师制，即学生在读期间有两个导师——一个是校内学术导师，另外一个是校外就业指导导师。这个校外就业指导导师是你这个专业的行业从业人员。你不是不知道自己这个专业毕了业能干什么吗？没关系，这个校外导师会告诉你，还会告诉你，如果想干好他现在在干的工作，你该怎么去干。

比如中国人民大学就有这么一个明星专业硕士。2010年5月26日，最高人民检察院和中国人民大学签署协议，联合培养“反贪硕士”，最高检派出反贪污反渎职领域的八位知名干将出任人民大学的兼职教授，在学生自愿报名的前提下，从中国人民大学每年入学的法律硕士（此为专业硕士）研究生中选拔20名学生，作为职务犯罪侦查方向的实务型人才。据何家弘（中国人民大学法学院教授、博士生导师、证据学研究所所长）介绍，“反贪硕士”的培养，将实行“双导师制”：每个“反贪硕士”不仅有来自人大法学院的教授作为导师，还将接受上述来自反贪反渎一线的兼职教授的指导。此外，为了让“反贪硕士”们理论联系实际，从而为今后的就业打下基础，中国人民大学将组织“反贪硕士”们到检察机关职务犯罪侦查部门，进行3~6个月的一线实习，旨在掌握初步的办案经验。到研究生二年级时，学生们将进入专业技能学习阶段，要学习职务犯罪侦查技能、职务犯罪侦查实务，这些内容由来自实务部门的兼职教授讲，具体的还包括犯罪侦查方法，比如测谎等；在这些专业知识之外，再加一个实习的环节，让学生在毕业后能够比较快地上手。

由此看出，在培养目标这一块，学术硕士研究生和专业硕士研究生的差别还是很明显的。

所以每当有人问我到底是报考学硕还是专硕的时候，我一定要问问他目标院校目标专业的研究生：两种研究生在这所学校的培养目标和最后找工作的时候到底有什么差别？千万不要听信其他人乱说什么“专业学位不受认可”之类的话。

差别二：考试难度有差别。

是的，两种研究生在考取的难度上是有差别的。大多数专业，专业硕士研究生考试相对容易一些，但是少数专业的专业硕士研究生竞争激烈程度要超过学术型硕士研究生。

现在国家正在大力发展专业硕士，很多专业硕士的报考热度升温速度比较快。报考专业硕士比较多的专业主要体现在经、管、文、法、医这五大类专业。尤其是会计硕士、临床硕士、学科教育（语文）、学科教育（英语）这四个专业，专业硕士研究生考试的竞争激烈程度甚至超过了学术型硕士。

其中，会计硕士的报考人数越来越多，是跟具体考试科目有直接关系的。而临床医学专业硕士的考研热度大于学术型硕士，是国家的政策导致的。

2016年1月11日，《关于开展专科医师规范化培训制度试点的指导意见》出台，对医科大学生毕业后教育（各国普遍把医学教育分为院校教育、毕业后教育和继续教育三个阶段）做出规定。医学毕业后教育在前三年住院医师规范化培训（下称“住院医师规培”）的基础上，增加了2~4年的专科医师规范化培训（下称“专科医师规培”）。而根据教研厅[2016]1号文件，2015年及以后入学的临床医学硕士专业学位研究生，其培养要求按照国务院学位委员会《关于印发临床医学、口腔医学和中医硕士专业学位研究生指导性培养方案的通知》（学位〔2015〕9号）精神执行。研究生期间实行四证合一，即三年规范化培训与三年专硕研究生教育同时进行，确保合格毕业生可获得《执业医师资格证》《住院医师规范化培训合格证书》《硕士研究生毕业证》和《硕士学位证》四证。

这个政策加上这么一个文件直接导致临床医学专业学位报考人数突然暴涨，因为这意味着报考临床医学专业硕士研究生毕业后几乎拥有医学从业的所有资格，而报考学术硕士研究生的同学还要到医院去进行只有最低工资的规范化培训。

其实将专业硕士教育职业化，是这几年国家一直喊的一个口号，只不过医学临床类专业步子迈得大一些、坚定一些而已，相信随着专业硕士教育的发展，越来越多的专业硕士教育会跟相关的从业资格证挂钩。

还是提醒各位同学，有的专业学术硕士与专业硕士差别是相当大的，如果你们不懂，一定要找我，或者找相关权威老师去问一下，不要轻易听信你网上搜索出来的东西！

差别三：考试科目不一样。

同学们一定要注意，一定要看看你所报考的学校和专业到底考什么内容。大多数专业的学术型和专业型研究生考试科目中政治考试和专业课考试都是相通的。但是关于英语和数学两科，学术型和专业型考试科目差别还是很大的。

单就英语这一科，几乎所有专业学术型与专业型研究生考试都会有差别。如果你考的是学术型研究生，不管你考什么专业，你都会考一门叫作英语一的考试科目，而专业型研究生考试很有可能考的是英语二。（注意，只有极少数专业和学校会在这一科考查英语一。）

这里面要注意，很多人都会认为英语二比英语一容易。但是我的学生告诉我，实际情况可能并不是这样。英语二和英语一的考试形式不是很相同，但是难度上绝对没有明显的差别（具体考试形式的差别，我会在后面讲到）。考试科目为英语二的同学还是不能对英语这一科掉以轻心。

另外就是数学。当然有可能你不需要考数学。如果你需要考数学，那么请注意。

数学分数学一、数学二、数学三，如果你是理工科的同学，你会发现理工类大多数专业的学术型研究生考试是考数学一的。部分专业考数学二。

可以说数学一是最难的，考试范围最大（后面我会讲到这几种数学考试的具体差别）。但是对于学术型考数学一的专业，如果你报考专业硕士研究生，考试科目则很有可能变成考数学二。因为篇幅的限制，我就不在这里举例了。

如果你是学经济类、管理类的，那么请注意，你有可能是不考数学的。

大家都知道经济类、管理类学术型硕士研究生考试如果考数学，大多数情况下是考数学三的。但是，如果你考经济类、管理类的专业硕士研究生，你就不一定考数学了。

例如管理类的专业硕士研究生考试，所有学校都不考数学（此数学特指高等数学、线性代数和概率论与数理统计）。管理类专业硕士研究生考试不但不考数学，而且不考政治，也不考专业课！（注意，管理类专业硕士一共有七种，包括工商管理硕士、公共管理硕士、旅游管理硕士、工程管理硕士、会计硕士、审计硕士和图书情报硕士。其中应届生不准报考前四种管理类专业硕士，可以报考后三种。从严格意义上讲，审计硕士不应该算作管理类专业硕士，更应该算作经济类专业硕士，因为审计硕士招生代码为025700，开头代码为02代表着它具有经济学血统。具有管理学血统的招生代码前两位为12，比如会计硕士招生代码为125300。但是审计硕士考试科目与管理类专业硕士考试科目相同，所以在这里也把审计硕士算作管理类专业硕士的一员。）

那管理类专业硕士研究生考试都考什么呢？只考两科，即管理类综合能力联考（满分200分）和英语二（满分100分）。如果你报考管理类专业硕士，你的考试时间只有一天，第二天你可以回家了！其中管理类综合能力联考包括初等数学（75分）、逻辑推理（60分）和写作（65分）。（管理类综合能力联考大纲详见附录1。）

经济类专硕现在很多学校也改为考经济类综合能力联考了，考试内容包含数学基础、逻辑推理和写作。（经济类综合能力联考大纲详见附录2。）

这个请大家一定要注意查看你目标院校最新一年的招生专业目录，关注自己报考的专业的考试科目有没有变化！

而有的专业的学术型和专业型研究生考试在专业课上也是有差别的。

比如经济类学术型研究生，大多数院校要考查经济学综合，但是在经济类专业硕士的招生考试中，每一种专业硕士研究生考试都有自己的考试大纲。这个考试大纲是国家统一编发的，但是并非国家统一命题，而是各个学校结合自己的实际招生需求和情况自主命题。

还有一些专业，学术硕士与专业硕士的考试科目数量都有差别，比如教育学，教育学的学术硕士研究生考试考三科，专业硕士研究生考试考四科。而有些专业学术硕士研究生考的科目，大多数学校的专业硕士研究生考试都不考，比如英语专业的第二外语。如果要考英语专业的学硕，那么第二外语是一定要考的。但是如果你报考专硕，就不用考第二外语了。如果你考学科教育（英语），会加考一门教育综合。如果你考翻译硕士（MTI），会加考一门汉语写作与百科知识。

当然，具体情况具体分析，大家一定要看好目标学校和目标专业到底考什么科目，千万别复习偏了。

差别四：学费高低不同。

两种研究生的学费是不一样的。相比之下，学术硕士研究生的学费更低一些。

先说学术型研究生。学术型研究生的学费大多数学校是每年8000元左右。这是国家规定的。(2013年2月6日，国务院常务会议部署完善研究生教育投入机制，决定从2014年秋季学期起，将向所有纳入国家招生计划的新入学研究生收取学费。原则上，硕士生学费每年不超过8000元，博士生学费每年不超过10000元。)

但是，这笔钱大概率是不用自己掏的。

首先，国家在决定收取学费的同时，通过了另外一项决议，就是要完善研究生的奖学金制度。而学术型研究生，只要考得不是太差，基本上都是有奖学金的。其次，很多非名校为了吸引优秀生源报考，名义上收取学费，实际上第一志愿上线奖学金覆盖率达到100%。甚至调剂到这种学校的学生也是有奖学金的。以沈阳大学为例，在2014年沈阳大学硕士研究生调剂政策的通知当中明确说明，凡超过国家线者调剂到沈阳大学享受半额奖学金，凡总分超过国家线50分及以上者调剂到沈阳大学则可以享受全额奖学金。

相比之下，专业硕士研究生的学费真不低啊。

目前大多数学校专业硕士研究生的学费在每年1.2万元左右。而且不同学校和不同专业之间差别相当大。如果你学的是自然科学学科(理、工、农、医)，少数专业除外(比如网络工程)，大多数学校学费都在每年1.2万以内。但是如果你学的是社会人文学科(经、管、文、法、教育、艺术类)，每年学费一般在1.2万以上(当然也有例外)，甚至更高。

而且大多数学校专业硕士研究生的奖学金申请非常困难，有的学校专业硕士甚至没有奖学金。这就对那些想读专业硕士的同学是个不小的压力。毕竟大多数同学的学费还是要通过父母来解决。但是也不是所有的专业硕士学费都需要自己掏钱。如果大家有兴趣，可以关注一种招生形式，叫作定向专业硕士，注意，不是所有学校都有这种招生形式的。定向专业硕士就是由企业赞助学生，学生的学费由定向企业出，条件就是学生毕业后必须到该企业报到，甚至工作到一定年限方可解约。关于这方面，大家可以自己去想报考的学校的研究生院网站去看看，说不定就有惊喜。

另外在这里提醒的一点是，非全日制研究生大多数集中在专业硕士，学费会更高。大家一定要注意!

总之，想读专业硕士的同学，通知家里给你准备一笔钱吧。

差别五：考博士不一样。

如果你想考博士，那么请注意，两种研究生考博士的时候，待遇完全不一样。

中国的博士生招生实际上也分两种：学术型博士和专业博士。只不过专业博士在中国的发展远远没有专业硕士的发展那么快，所以我们这里说的考博士实际上考的还是学术型博士。

从报考资格角度讲，学术型研究生和专业型研究生是都可以考博士的。差别在于，专业硕士考博士，老师一般都不要。说白了，你可以考，但是我不要!（医学专业除外。）

为什么？因为博士那是要真真正正地做研究。刚才我们说过两种研究生的培养体制就是有差别的，搞研究的是学术型研究生，而不是专业型研究生。

当然，是否读博，大家一定要想好了，因为博士研究生跟硕士研究生有着很大的差别：硕士研究生是严进宽出，博士研究生是严进严出。（本书最早是在2016年出版的，当时博士的情况还是宽进严出，我早期在视频里也说过，想读博士的人不多，但是现在情况已经跟以前完全不一样了，也请大家以后看我的视频的时候甄别一下录制时间和当时的环境，以免被误导！）

博士现在越来越难考，毕业也卡得越来越严，超过一定年限的坚决不予毕业并且直接公示。

当然不能因为这些原因就全盘否定读博士，读博士有读博士的好处，如果你的理想是做一名高校教师，那么博士学位几乎就是最低配置。我想说的是，如果你有志于考博士的话，那么请一定要报考学术型研究生（医学专业除外），不要报考专业型研究生，否则在考博士的时候会遇到很大的麻烦！

差别六：对毕业论文的要求有差别。

这个差别并不明显。一句话概括，学术型研究生的毕业论文要求更高一些。而专业型研究生因为主要是实践应用型，对毕业论文的要求不如学术型研究生高。

差别七：行业从业资格证。

因为专业型研究生是应用型研究生，有的学校有的专业在提高学生的实践能力的同时，甚至在学生毕业的时候颁发一些含金量很高的相关行业从业资格证书。比如对外经济贸易大学翻译硕士专业的国际会议口译方向，毕业生除了拿到毕业证和学位证，还将获得欧盟口译总司和对外经贸大学共同签发的“国际会议译员资格证书”。获得这个证书的毕业生在找工作的时候肯定会更有优势。

总结

实际上，我个人觉得你报哪个专业的硕士研究生完全取决于你对你自己的定位，包括实力的定位、兴趣的定位、对未来的规划等等。

专业硕士的优势在于：首先，学的东西更倾向于应用，对于那些不想搞研究的人是很有吸引力的；其次，相对容易考，对于那些实力不是很强的同学来说是很有吸引力的；最后，修业年限相对较短，很多同学报考专业硕士研究生看中的就是大多数学校专业硕士研究生是两年学制。但是专业硕士的劣势同样明显，比如专业硕士在中国的发展虽然很快，但是社会对接受应届生全日制专业硕士有一个过程，比如专业硕士的高昂学费对于很多家庭来说确实是个不小的负担，而想考博士的同学则根本不能考虑考专业硕士。

所以，到底考哪一种研究生，你自己好好想一想吧。

2.A 类考生和 B 类考生

先说下理论上的A类考生与B类考生的概念吧！

A类考生：报考地处一区招生单位的考生。

B类考生：报考地处二区招生单位的考生。

一区系北京、天津、河北、山西、辽宁、吉林、黑龙江、上海、江苏、浙江、安徽、福建、江西、山东、河南、湖北、湖南、广东、重庆、四川、陕西等21省（市）；

二区系内蒙古、广西、海南、贵州、云南、西藏、甘肃、青海、宁夏、新疆等10省（区）。

这里大家要注意一点，你是哪类考生实际上跟你在哪里上学和你的户口在哪里是没有关系的，只与你所报考学校的所在区域有关系。

每年都有同学尤其是在二区上学的同学对这件事搞不清楚，说：虎哥，我是内蒙古的，我是不是二区的学生，也就是B类考生？这是不对的。如果你报考的是北京的学校，你在内蒙古报考，你也是A类考生，你的分数线也会略微高一些（后面会讲到分数线）。如果你是北京人，你在清华大学上的本科，不知道你是怎么想的，非要报考内蒙古农业大学，那么你就是B类考生，你的分数线就会低一些。

各位明白没有？

3. 关于分数线：国家分数线和各学校分数线

关键的来了，每年很多人在分数线这个问题上存在非常严重的误解。如果你考试前不弄明白分数线是怎么回事，很难想象你复习的时候是如何确定目标的。

首先，大家要知道，分数线分为国家线、各个学校针对某一个专业所划定的分数线和34所自主划线院校所划的学科门类最低线。

考研国家线是教育部统一划定的各学科门类复试的基本分数要求。（参见附录3。）

我来给大家解释一下这个国家线。

大家要明白一个概念，这个国家线的含义不是说你过了就行，而是说你不过就不行！

比如，你要考2023年中央财经大学的金融学专业学术型硕士。首先，你要知道中央财经大学在北京，你属于A类考生，那么你就要看A类考生那一栏（见附录3）。金融学专业属于经济学，那么请看A类考生的经济学分数线：总分分数线是346分，单科满分为100分的科目的分数线是48分，而单科满分大于100分的科目的分数线是72分。单科满分为100分的科目是政治和英语，单科满分大于100分的科目是数学和专业课。如果你想考上中央财经大学的金融学专业，最低要求就是在四科总分达到346分的前提下，你的英语、政治任何一科的分数都不能低于48分，而且数学和专业课任何一科的分数都不能低于72分。接着，大家会发现另一个问题，几乎每年都有同学问我这个问题。比如去年我在内蒙古讲课，有一个内蒙古师范大学的学生问我这样的问题：虎哥，是不是北京的高校都歧视我们来自内蒙古等外地的同学啊？我说：没有啊，你为什么这么说啊？他说，因为他有个师兄考的就是中央财经大学的金融学专业，单科和总分都过了国家线，为什么中央财经大学连复试都没有通知他。这种情况就是典型的对国家线的理解有误差。

记住了，国家线的含义不是说你过了就行，而是说你不过就不行！

比如这位同学的师兄，他的考试成绩是这样的——政治70分，英语55分，数学111分，专业课110分，加起来是346分，而且这四科的单科成绩都超过了国家线。这位同学没有被录取，主要原因是他没有过中央财经大学针对金融学划定的分数线。有的同学对这一点很不理解和了解。中国有34所自主划线院校，中央财经大学并不是这34所学校中的一个，那它为什么还自己划定金融学专业的分数线呢？

我举个例子，大家就明白了。

大家都经历过高考，高考有“一本”线和“二本”线，那么各位同学，你的高考分数过了“一本”线就代表你能上所有的“一本”学校吗？肯定不是。有的学校报考的人多，分数线就要升高。考研同样如此。

比如中央财经大学金融学2024年计划招生31人。但是报考中央财经大学的人非常多，能够达到国家线的每年有好几百人。那么问题出来了，是过国家线的好几百人都要呢，还是只要31个人？肯定按照招生计划招收31

人，那么刚刚够国家线的人必定是无法参加复试的，更别说会被录取了，明白了吗？

有的人说：虎哥，我要么就不考研，要考就考个牛的。什么叫牛的学校呢？在中国，招收本科生的高校大致可以分为三类：普通高校、“211工程”大学、“985工程”大学。而在考研时有34所学校可以自主划线，这34所学校在考研这方面就是牛的高校了。

中国的34所自主划线院校分别是：

北京的清华大学、北京大学、中国人民大学、北京师范大学、北京航空航天大学、北京理工大学、中国农业大学；

天津的南开大学、天津大学；

山东的山东大学；

江苏的南京大学、东南大学；

上海的上海交通大学、同济大学、复旦大学；

浙江的浙江大学；

福建的厦门大学；

广东的中山大学、华南理工大学；

湖南的湖南大学、中南大学；

湖北的武汉大学、华中科技大学；

黑龙江的哈尔滨工业大学；

吉林的吉林大学；

辽宁的东北大学、大连理工大学；

安徽的中国科学技术大学；

陕西的西安交通大学、西北工业大学；

重庆的重庆大学；

四川的四川大学、电子科技大学；

甘肃的兰州大学。

大家应该能看出来，这种自主划线院校不管是各个学科门类的总分分数线还是各科的单科分数线，都要比国家线高出一大截。不过，有个别自主划线院校和专业的分数线可能会低于国家线，这完全取决于当年报考这所学校的生源情况。如果大家有兴趣，可以看一下，2011年北京大学管理学的英语单科分数线仅仅为50分，而那一年的国家线管理学英语分数线是55分。也就是说，那一年报考北京大学的同学如果英语考了51分的话，他确实有可能会被录取，但是如果报考齐齐哈尔大学，则不会被录取，当然这种情况还是不那么常见的。

那么问题又出来了。如果某位同学2023年报考中国人民大学的世界经济专业，政治考了60分，英语考了60分，数学考了116分，专业课考了120分，总分356分，过了经济学的总分分数线，他会被中国人民大学的世界经济专业录取吗？答案是不会的。因为这位同学通过的是学科门类线，而不是这个专业的专业分数线。

大家知道，经济学叫作学科门类，它下面分好多个专业，学科门类线代表这个学科门类所有专业中分数线最低的那个专业的分数线，而不是该学科门类所有专业的分数线，明白了吗？

所以大家一定要查到自己想报考的学校和专业具体的分数线，而不是一味地看国家线或者自主划线院校划定的学科门类线，只有这样才能给自己定下切实可行的目标。

4. 关于推免生

推免生，全称“推荐优秀应届本科毕业生免试攻读硕士学位研究生”，意思就是说，可以通过推免流程，不参加研究生招生考试，却能达到读研究生的目的。每年名校的推免生比例确实都不低。尤其是名校的学术型研究生中，推免生比例都特别高。

首先要说一下关于推免生所占比例的问题。大家一定要知道，一个学校一个专业的推免生比例，跟这个学校这个专业水平的高低关系并不大，而是跟这个学校的档次有关系，档次越高的学校，推免生比例越高！比如清华大学的推免生比例就非常高。具体到清华大学的历史学专业，可以说，不管是在清华大学内部，还是它的历史学专业在全国高校同一专业的排名，这个专业在清华大学绝对不是重点专业。但是，如果你看过清华大学的招生专业目录的话，你会发现历史学专业所属的人文学院整个学院好几个专业招生还不到10人。

实际上我对推免生的看法是不要把鸡蛋放在一个篮子里。

我有个师妹，当年在我们学校我们专业年年第一名。我们学校是“211工程”大学，对于推免生申请人条件这一块，她绝对是条条满足的。这个师妹自己通过本校老师的关系找到了南方某“985”高校同一专业的老师，提出想报考这个老师的推免生。那个老师觉得这个同学的条件还不错，也都满足资格，口头上答应了这个师妹的推免请求。两个人沟通得也挺好。这个师妹觉得自己比较有把握了，就在大三下学期的暑假放松去玩。那个“985”高校当年的推免生通知下达得非常晚，到9月中旬正常研究生考试报名之前才发布本校接收外校推免生的政策。结果那个师妹看到那个政策后哭了整整三天——那个学校当年在我们专业减少了接受外校推免生的名额。那个师妹因为没有进行充分的准备，没有被推免成功。而时间快到9月底了，她临时开始复习考研已经来不及了，最后无奈之下成了本校推免生。而成绩不如她的同学要么被推免到其他“985”高校，要么通过自己的努力考到了更好的学校。

总结一下，如果你想通过推免的途径去读研究生的话，一定要密切关注目标学校的研究生院，其网站每年暑假都会贴出对于推免生的要求和具体推免办法。对于自己目前不满足的条件，你一定要想办法尽量满足。当然，你的本科院校无法改变，但是其他的条件都是可以去争取的，比如教授推荐、发表论文之类的，然后认真准备这个学校的推免生考试。（现在各个学校将自己的推免生考试环节叫作夏令营！其实就是考试去了。）在准备推免的同时最好不要放弃复习，万一推免生政策发生变化或者自己没有被推免成功，你还可以通过正常的研究生招生考试达到自己上名校的目的。

5. 关于少数民族政策

每年都有同学问我：虎哥，我是少数民族，我们少数民族考研加分不？大家一定要注意，考研时的少数民族政策和高考时的少数民族政策完全不一样！

虎哥的家乡是黑龙江省。2022年，黑龙江省对于少数民族考生的加分政策是指黑龙江省属高等院校招生时对鄂伦春、赫哲、鄂温克、柯尔克孜、达斡尔、蒙古、锡伯、俄罗斯族考生在考生统考成绩总分的基础上增加10分投档，由高校审查决定是否录取；使用本民族文字答卷的少数民族考生，在报考全国院校时，在其文化统考成绩总分的基础上增加5分投档，由高校审查决定是否录取。

当年虎哥有个同学，明明是汉族，不知道通过什么途径硬是把自己的民族改成了达斡尔族。但是在考研时不会因为你是少数民族就给你加分，而是有一个叫“少数民族高层次骨干人才计划”（简称“少数民族骨干计划”）的政策（见附录4），各位同学可以关注一下。

请各位同学注意以下几点：

（1）汉族学生是可以报考少数民族骨干招生计划的！只不过设置了一些限定条件。

（2）招生专业向理工类、应用型研究生倾斜！在实际招生过程中，这一点执行得并不是很严格。我认识很多文科专业报考少数民族骨干招生计划并且被录取的学生。

（3）招生工作实行“定向招生、定向培养、定向就业”和“自愿报考、统一考试、单独划线、择优录取”的原则。学生毕业后，必须按协议回定向地区和单位就业，不得违约。

（4）被录取的硕士研究生，先在高校基础培训基地集中进行一年基础强化培训（基础培训点另行通知）。达到录取院校确定的普通计划复试分数线及复试录取要求的考生，可免除一年基础强化培训，直接进入研究生阶段学习。

这里要说一下，如果你的分数没有达到目标学校目标专业的复试分数线的话，你需要经过一年的基础强化培训。据我所知，这个培训基地一般在北京，并不在你所报考的学校。经过一年的培训，你会跟着下一届的同学一起进行专业的学习。也就是说，如果正常的学制是三年（单指大多数学校的学术型硕士研究生），你在考试的时候没有达到目标院校目标专业的分数线，那么你的学制实际上是四年。

（5）学生在校学习期间（含基础培训）的学费、住宿费、生活费等按国家及招生单位相关规定缴纳。

如果是定向培养、定向就业的考生，学费、住宿费等会由定向企业或者单位支付。

（6）录取原则。实际上，国家每年都会下发各个学校招收少数民族骨干招生计划的名额，每个学校针对每个省份都会有具体的招生人数的名额限制。但是在实际录取过程中，我发现各个学校按照省份去限制名额的很少。但是，如果你看到少数民族骨干计划在你所在的省份并不招生，你就一定不能报这个学校。具体情况一定要问清楚你自己的目标院校。

（7）少数民族骨干招生计划是独立于高校普通招生计划范围外的。比如一个学校一个专业招生人数是10人。不是说这10个人中有几个是普通招生计划、几个人是少数民族骨干招生计划，而是说普通招生计划招生10人。假如恰好当年有这么一个同学，学的是这个专业，报考了少数民族骨干招生计划，也是可以被录取的。有极个别的学校会出现固定少数民族骨干招生计划学生的专业，这个具体也要看各个学校的招生简章。

对于少数民族骨干招生计划，我的个人看法是，如果你真的想回到家乡支援家乡建设，而且学费对你家里的经济条件来说是很大的负担，你的成绩达到正常分数线非常困难的话，那么这个计划是对你有利的。但是，如果你的成绩有很大的希望达到正常分数线的话，我个人不太建议报考这个计划，因为确实这个计划未来发展的局限性很大，并且有可能会多读一年。如果你想报这个计划的话，最好向你目标院校的研招办详细询问具体的招生政策，以免因为对政策不了解产生不必要的麻烦和其他不利后果。

6. 关于特殊学历（大专、自考本科等）

如果你不是全日制大学本科毕业，那么有什么需要注意的事项呢？

（1）对于不同的学历，有不同的要求

如果你参加成人高考已经取得本科学历，也可直接报名参加；如果是应届生，还没取得本科学历，只能以同等学力的资格报考；如果你是专科（含参加成人高考取得的专科学历、自考专科），需要毕业两年或两年以上以同等学力的资格报考。

表1　不同学历考研报考要求

学历		报考要求
本科	应届	均可直接报名参加。
	往届	
专科		获得国家承认的大专学历毕业后经两年或两年以上(从大专毕业到录取为硕士生当年9月1日)，达到与大学本科毕业生同等学力，且符合招生单位根据本单位的培养目标对考生提出的具体业务要求的人员按本科毕业同等学力身份报考。
成人高考	本科	成人教育学历是国家承认的，成人教育本科往届生可以直接以本科生的资格报考。而成人教育应届本科生由于报考时(每年11月中旬)并没有取得本科学历，所以只能以同等学力的资格报考，不同于全日制的普通高校应届本科生。
	大专	国家承认学历的大专毕业生,毕业后两年(从大专毕业到录取为硕士当年的9月1日，下同)或者两年以上，达到与大学本科毕业生同等学力(含国家承认学历的本科结业生和成人高校应届本科毕业生)，且符合招生单位根据本单位的培养目标对考生提出的具体业务要求的人员，可以以同等学力身份报考。
高等教育自学考试	自考本科	自考生和网络教育学生报名在现场确认截止日期前取得国家承认的大学本科毕业证书，无论是否已取得学位都能报名参加全国硕士研究生统一招生考试。
	自考专科	自考专科毕业生自取得专科毕业证书后工作两年后才有资格报考，有的学校会在此条件的基础上加上必须通过自考本科主干课程的规定，有的学校规定部分专业不招收大专毕业生。具体报考情况，考生应提前向拟报考的高等院校研究生招生办公室咨询。

同等学力毕业两年及以上是指从专科毕业到研究生入学前的时间满两年即可。比如小红在2023年6月毕业，若以同等学力身份则可以在2024年下半年报名，参加2025年年初的考试，至9月份入学时已满两年。

需要注意的是，有些学校的某些专业不招收同等学力的考生，这种情况就无法报考，所以一定要特别关注学校发布的招生简章中的报考条件。

（2）发表论文或有科研成果

很多同等学力考生表示这一条很不现实。其实，各招生单位对此也了解，只是对同等学力考生做出更高的要求而已，在招生录取上会有灵活或变通的形式来处理，比如只要考生出示论文，并不一定要求是发表过的。考生在复试时只要能够提供足以证明自己水平的材料即可，比如论文、科研发明等材料。也有少数学校虽然要求招生简章中做此要求，实际上并不需要论文。当然，考生还是尽量达到招生单位的要求，以提高自己复试成功的概率。

（3）复试加试专业课

加试是对同等学力考生的基本要求，也是教育部的统一要求，其目的在于以直接的形式检测考生的实际水平。加试要求考生必须达到及格水平。对于专业课加试的情况，考生应该在初试完毕接到复试通知后尽早了解报考专业的要求，提早做好准备。普通高校的本科生没有必要在这一点上过多纠结。在学校招生简章中出现的同等学力加试跟正常的普通高校本科生没有任何关系。

实际上，别看国家和招生单位对同等学力的考生做出了条条框框的限制，但是根据我的团队跟踪的学员的经历，我有个惊人的发现，那就是同等学力的考生考研成功率居然高于普通本科生的。我分析，原因在于同等学力的考生参加考研是真想考研，考研的积极性和目的性会非常强，所以定的目标更现实，平时复习的时候付出的辛苦会更多。而普通高校本科生中很多人都抱有奥运精神——重在参与，这就导致复习的时候不够努力，定位自己的时候不准确。

所以，各位同等学力考生，千万不要觉得自己比别人低一等，只要努力，研究生的大门永远对你开放。

（4）专升本的同学

专升本，等同于本科。大多数院校不会将专升本的同学视作同等学力的考生。但是有的学校例外。大家在报考时一定要查询清楚，询问清楚。

（5）没有取得学位证的同学

没有取得学位证的同学，大多数学校会按照正常本科生来录取，也就是说不会将这类考生划入同等学力范畴。但是部分名校的强势专业会要求学生在报到的时候必须带上自己的学位证和毕业证。有的学校干脆直接在考生报考的时候规定，对于不能按时取得学位的同学，不予录取。请有这种情况的同学注意一下，以免因为报考的问题浪费了自己一年的时间。

（6）没有取得毕业证的同学

一般情况下，这些同学都是没有学位证的。在国家的学历体制中，将这种同学一般称为“肄业生”。“肄业生”在大多数学校都会被划入同等学力的范畴。

（7）没有通过大学英语四级、六级的同学

几乎每年都有同学跟我说：张老师，我听说没过四级、六级的同学不

能考研。实际上，几乎没有一个学校在招生简章中规定没过大学英语四级的同学不能考研！但是，有的学校在实际录取过程中确实没有录取过大学英语没有通过四级、六级的同学。当然，不是说没过大学英语四级就应该承受这个事实。因为有的学校老师会对学生的英语能力非常看重。所以，如果你真的是这种情况的话，首先应该自己努力通过这种考试。如果你费了九牛二虎之力还是过不了四级（虎哥有个同学，上本科期间，四级考了四次，前三次自己努力复习，结果考出来的成绩分别是424分、423分和424分。这哥们儿考到第三次查分的时候，看到自己的四级又因一分之差没过的时候已经崩溃了，眼泪唰地就下来了——那个时候我才知道人的眼泪是可以不由自主流出来的），你一定要问一问你的目标院校目标专业的研究生，他们专业有没有招收过没过大学英语四级的考生。如果目标院校没有招收过，你千万不要报考。

如果你是同等学力的考生，考研并非要求一定要过大学英语四级。何况从2006年开始不允许社会考生报考大学英语四级、六级了，届时招生单位也会对此做出适当调整和灵活处理。其实，随着研究生招生政策的日趋灵活，招生单位把自主权放到各有关院系。比如对英语水平，有的高校只是在原则上规定“英语达到本科毕业水平”，至于具体做何要求，则由各院系掌握。

（8）大学期间考试作弊被逮到的同学

最后说一下大学期间考试作弊被逮到的同学考研的问题。每年都有人问我作弊考生能否考研。答案也是肯定的。实际上在各个学校的招生简章中，也没有明确列出作弊考生不予录取的规定。但是这类同学跟没过大学英语四级的同学一样，得知道自己的目标院校目标专业的老师的态度。如果老师认为浪子回头金不换，那么你被录取是没有问题的；如果他以为作弊就说明你这个人人品有问题，即便你考得再好，他也不会录取你。有过这种经历并且被处罚过的同学最好直接联系一下你要报考的学校目标专业的老师，直接跟老师表达你犯过这种错误，并且以后绝对不会再犯，再问问他对你这种考生有没有芥蒂，以免影响到最后的录取结果。

第四章

考研都考些啥，怎么复习？

1. 政治

政治这一科几乎是大家必考的科目（报考管理类专业硕士的同学请跳过此节），也是大家比较迷茫的科目。我们先来看看政治的考试内容。2023年政治考试形式与试卷结构如下：

一、试卷满分及考试时间

本试卷满分为100分，考试时间为180分钟。

二、答题方式

答题方式为闭卷、笔试。

三、试卷内容结构

《马克思主义基本原理》，考试占比24%（24分）。

《毛泽东思想和中国特色社会主义理论体系概论》，考试占比30%（30分）。

《中国近现代史纲要》，考试占比14%（14分）。

《思想道德修养及法律基础》，考试占比16%（16分）。

《形势与政策和当代世界经济与政治》，考试占比16%（16分）。

四、试卷题型结构

单项选择题16分（16小题，每小题1分）。

多项选择题34分（17小题，每小题2分）。

分析题50分（5大题，每大题10分）。

怎么样，看着内容是不是觉得都很熟悉？大家上大学期间这几科基本上都上过一个学期，考试的时候不是老师划重点就是自己想办法（你懂的），上课的时候基本上没怎么仔细听过。很多不了解考研的同学认为这一科是我们平时最疏忽的一科，要重点复习，还有的考研政治辅导老师夸大政治在考研中的作用，要求大家做一些听起来很恐怖的事情（比如有的老师要求通读大学期间学过的政治教材，其实这样用处并不大）。实际上，政治在考研中的真实地位没有大家想象的那么重要，这全拜政治的考试特点所赐。

（1）政治特点一：最容易的科目

是的，政治是我个人认为这四科中最容易考的科目。为什么呢？因为虽然这一科目考试内容看起来复杂，实际上是最有章可循的科目之一。

如果各位同学有兴趣，可以打听打听你的师兄师姐政治大概都能考到多少分。根据我的了解，每年同学们的政治考试分数非常集中在50~75分，低于50分的很少，高于75分的也不多。

这么跟大家说吧，即使你不复习政治这一科，平时看看新闻什么的，你考政治也不会低于40分，因为大家都有政治理论常识，没什么事看看《新闻联播》《人民日报》，很难在原则上犯错误。你对政治大题随便写写歌颂党和国家的事情，不可能一分得不到。你买了本政治大纲通篇看过，稍微做了点题，最后也没怎么背大题，那么你的政治考低于50分的可能性也不大。你报了个辅导班，跟着上课听了听，最后稍微背了下大题，没背太多，那你政治考低于60分的可能性就不大了。你政治报了个非常好的辅导班，老师讲得也很好，你也认真听了，你也认真背诵大题了，考试的时候忘了几个，或者漏了几个考点你没背到，正好考了，那你的政治考分就是60~80分的水平。你除了做了前面提到的事情，还天天看《新闻联播》《人民日报》，从刚开始就把政治书通读了一遍，所有的考点你都疯狂地背诵，那么你考政治上80分指日可待。

实际操作过程中，政治超过80分的人极少，而且这些人多多少少都会带一些运气的成分，你问他怎么考到80分的，可能他自己都不知道。

再举一个例子吧，如果你有兴趣，可以登录北京大学的研究生院网站，这个网站的神奇之处在于能在上面查到每年每一位考北大的同学的成绩，等你查到你会发现，那些牛人考到北大的政治分数超过80分的也很少，也是在60~80分。

如果你再问问这些人的复习经验，他们会告诉你，这一科是复习起步最晚的科目，短时间内得到需要的分数也不是梦想。为什么？因为这一科目看得越早，忘得越多。通常我都会说，你看政治看早了的结果只有一个——忘。你3月份背政治考点，你到12月底1月初考研的时候想得起来吗？别说过10个月了，过10天，我保证你忘得一干二净。

但是有的辅导老师在讲课的时候会说，如果你政治得80分，你会在跟竞争对手的竞争中占据优势。这一点我绝不否认，但是问题在于，你费劲复习了整整一年政治，你得80分以上的概率能有多大呢？你敢保证你政治能考80分以上吗？你不敢！别说这个了，你的成绩再优秀，你年年拿一等奖学金，你都不敢保证你的政治会比你同宿舍学习最差的那个同学考得好。

复习时间不用太长就能达到自己的目的，这就是我认为政治最容易考的主要原因。

（2）政治特点二：多项选择题最重要

可能跟你的认识又不太一样。

有人说，虎哥，政治最后的大题一个就10分，为什么多选题最重要啊？

我要告诉你的是，政治60多分和70多分的差距，主要就在多项选择题上，因为在单选题和大题上拉开你和你竞争对手之间的差距其实是非常困难的。

首先，单项选择题的难度都不会特别大，四个选项中只有一个答案是正确的。有的题答案相当明显，有的题明显另外三个选项违背常理或者违背中国的政治政策，更关键的是单项选择题的分值太低，每个题只有1分。你想跟竞争对手拉开4分以上的差距几乎不可能。而大题是开放式的论述题，几乎每一个考研同学都会写满整张考卷，能想到的知识点几乎都会往上写。考前各个辅导机构都会有点睛班，你去听点睛班的课，别人也会去。考前几乎所有考研辅导老师都会出一本押题的书，你买谁的书，别人同样会买。在考政治前一天晚上，几乎所有的同学都会干同一件事——不是睡觉，而是拿着所谓的押题神书或者辅导班的点睛班讲义一顿狂背。只要你的字写得不太难看，判卷老师在短时间内判那么多卷子，很难逐字逐句地去看你写的东西，只要你写到了给分的考点就会得分，差别也都不会太大，除非你写的东西完全驴唇不对马嘴。

而多项选择题分值高，容易错，很容易就拉开了差距。试想一下，17个多选题，非常容易错，一旦你比竞争对手多错了4个题，8分的差距就出来了。所以政治是得多选题者得高分。

（3）政治特点三：考试期间最轻松

大家知道，除了设计类、建筑类、艺术类等需要手绘的专业课，其余考试科目时间都是3个小时，即180分钟。如果你有兴趣问问师兄师姐的话，你会发现，在考数学时，可能大家因为实力的原因答不完卷子，考英语答不完卷子的可能性最大，因为完形填空、阅读理解这两种完全吃力不讨好的题型会浪费你大量的时间。而你基本上不会听说某位大哥政治卷子没做完——除非他考试的时候睡着了。

这里提醒大家，研究生考试期间，考生是不准提前离开考场的。你写完了就看看前面的大哥或者大姐吧，因为他们很有可能是你的竞争对手，争取用眼神杀死他们!

（4）政治特点四：一定要报个辅导班

是的，这一科最简单，但是最需要报考研辅导班。为什么？你自己看看《思想政治理论考试大纲解析》这本书就知道为什么了。这本书被称为“红宝书”。（注意：政治“红宝书”的出版社是高等教育出版社，编者是教育部考试中心，不是别的书。市面上的“红宝书”，我见过的有三种，另外两本书并不是传说中的那个“红宝书”。因为“红宝书”这三个字太值钱，有的辅导老师居然也出叫作“红宝书”的考研辅导书，个人认为这就是借用这三个字的威名来提高自己书的购买概率的做法。）整本书非常厚，而且里面的标点符号似乎只有两个——一个是逗号，一个是句号。你想通过看这本书找到考试的重点是非常困难的。

我不是说你不报辅导班你就考不好政治。

最后的影响就是，无论你报不报政治辅导班，你的政治这一科考试分数都差不多，差别在于报了政治辅导班的同学总分更高。因为你报了辅导班，得到自己想要的分数所花费的时间会远远少于你自己看书的时间。有的人报了辅导班也说报政治辅导班没有用，但是你真让他自己看书试试，绝对会花费更多的时间。

说白了，报政治辅导班的目的只有一个，就是节省更多的时间好好看看后面几科。

目前市面上不管是哪家辅导机构，基本上都会把政治辅导班分为导学班、基础班、强化班、冲刺班、模考班、点睛班。每年都会有同学问我：张老师，我家穷，我只报其中一个班的话，我应该报哪个班？我想说，这些辅导班在各个辅导班中都是可以联报的，大多数辅导班叫作“政治一卡通”。

因为这几个班种的作用不一样。

导学班的作用是让你知道政治这一科都考些什么，考试特点有哪些，你复习的时候应该注意什么。

基础班的作用是带领你回忆一下你上大学时政治课都学过什么。大多数的基础班会将政治考试中最难的马克思主义哲学理论稍微讲一讲。

强化班的作用是老师会在短时间内（一般是7到8天）把大纲中涉及的所有内容通通过一下，让你知道政治到底考什么内容。

冲刺班期间老师会将重点再次强调一遍，比如前一年考过的考点，老师就要删除掉，比如在大纲中出现二十年却从来没考过的考点，老师也会给你去掉，让你明确后面的复习重点。

模考班就是老师出两套卷子让你做，然后给你讲这两套卷子，再次强调重点。

点睛班说白了就是押题的，主要是押最后的5个大题的考点。毕竟政治考点那么多，你不可能全都背下来，老师会通过他的经验来判断最后20

个左右的考点，让你往死里看，往死里背。

所以你看你能报哪个班。钱没了再去赚，千万别为了一点钱，毁掉自己的前程。

2. 外国语

这里我们重点说的是英语，其他小语种的考生非常少。有的学校部分专业会允许考生用小语种考试，关于这方面，可以登录你目标院校的网站，看看硕士研究生招生专业目录，对当中的考试科目进行查询，登录中国研究生招生信息网查询也是可以的。虎哥就不在这里一一说明其考试特点了。请大家谅解。

首先，我们来看下英语的试卷结构（参见附录5）。

英语一与英语二考点差别在于以下六点。

（1）语法

英语二规定了总共有八个语法点，只要把这八个语法点掌握了，语法部分的复习就算完整。第一个是名词、代词的用法，数和格。第二个是形容词。第三个是动词，动词包括时态、语态。时态是最常见的，例如一般现在时、一般将来时等；语态就是主动态和被动态。第四点是常用连词。第五点是非谓语动词，就是不定式和名词。第六点是虚拟语气。第七点就是从句，列了宾语从句、主语从句和表语从句。第八点是同谓语从句。只要把这些语法点梳理下来了，大概有一个基本的概念就没问题了。

而英语一大纲关于语法的规定较为概念化，没有专门列出对语法知识的具体要求，其目的是鼓励考生用听、说、读、写的实践代替单纯的语法知识学习，以求考生在交际中更准确、自如地运用语法知识。相对来说，英语一的语法复习范围更为宽泛，任务量比较巨大。

（2）词汇

英语一和英语二的大纲规定考查词汇附录表完全一致，但考查深度不一样，英语二的考研要求为考生应能较熟练地掌握5500个左右常用英语词汇以及相关常用词组，考生应能根据具体语境、句子结构或上下文理解一些非常用词的词义。

英语一的词汇考查除满足英语二的考查要求外，还要求考生掌握词汇之间的词义关系，如同义词、近义词、反义词等；掌握词汇之间的搭配关系，如动词与介词、形容词与介词、形容词与名词等；掌握词汇生成的基本知识，如词源、词根、词缀等。

（3）阅读理解A（仔细阅读）

关于阅读理解A部分的考查，英语二没有英语一中规定的阅读理解中出现3%的超纲单词。

英语一除要求理解文字展现意义外，还要求能够理解文章中概念性的含义，而英语二基本不会出现一些特别抽象、特别复杂的概念。

此外，英语二的阅读量要相对英语一略小一些。

（4）阅读理解B（新题型）

英语一这部分规定了三种备选题型：第一种是七选五，第二种是排序，第三个是标题配对。最近几年一直考的是七选五，是比较成熟的题型。英语二阅读理解B部分，就是新题型部分也规定了三种题型，与英语一不一样的是，它没有段落排序和七选五，而是改为多相对应和正误判断。

（5）阅读理解C（翻译）

英语一翻译题型是给考生一篇文章，有五个画线的句子，一般是比较令人费解的长难句，不仅句子本身结构比较复杂，还要将句子放在整篇文章中，结合文章的概念性推理进行翻译，难度颇高，大部分考生在此题型上失分较多。英语二中出现的翻译是全文翻译，给考生一篇英语文章，从头到尾翻译下来。跟英语一比，这更像是体力活儿，书写量大，但是整篇文章的难度要小一些。因为边翻译边去理解的话，比孤零零地理解一个句子、翻译一个句子可能要容易一些。而且这样考查，采分点就会比较分散，有些很简单的句子也是采分点，只要翻译对了就能得分。

英语二的翻译分值为15分，英语一的分值为10分，总体上看，英语二的翻译部分分值将会明显高于英语一。

（6）写作

从考试大纲上分析，两种试卷的要求并无大不同，但就评分标准来说，英语二要相对宽松一些，而且大作文的写作字数少于英语一，出题难度应小于英语一。英语一的大作文考查看图作文的可能性较大，而英语二考查图表作文的可能性较大。

英语一写作共30分，其中小作文10分，大作文为20分。

英语二写作共25分，其中小作文10分，大作文为15分。

每年都有同学问我英语考试是不是所有考试科目中最难的。说实话，我个人觉得英语这一科并不一定是最难的，但一定是考研各科中最为难人的。因为如果一个同学在总分通过国家线或者目标院校目标专业的复试总分分数线的情况下，由于某一单科没有过国家线或者学校自划线导致考研失败的话，这个没有过线的科目一般都是英语。

所以，各位考研同学，请记住，英语在考研中的目标就是过线。

如果你考的是非34所自主划线院校，那么你的英语要过国家线。

如果你考的是34所自主划线院校的话，那么你的英语要过目标院校自主划定的英语分数线。

在前面分数线的那一部分我说过，34所自主划线院校的英语分数线一般要高过国家线一截。以2023年考研英语国家线与部分自主划线院校英语分数线为例。（参见附录6。）

仔细观察，你会发现，经济学、法学、文学、管理学的分数线都在44分以上，其中文学甚至达到了54分。而往年这四类专业的英语分数线确实相对较高。历史上文学这一科分数线最高的一年曾经达到57分，最低的那一年也没低过50分。而经济学、管理学作为考研中的热门专业，分数线也相当高。经管类历史上英语分数线最高曾经达到55分，而分数线最低的一年也有45分。所以考这四类专业的同学要更加努力，尤其是考34所自主划线院校的同学。而其他专业的同学压力相对较小，尤其是体育学、艺术学和农学的同学，分数线近几年没有超过40分。

所以，再次强调一下，请各位同学认清自身实力。如果英语确实是你的一个硬伤的话，千万不要冒险报考34所自主划线院校。

每年都有一些“四级未过党”苦着脸找到我说：虎哥，我四级都没过，我英语是不是过国家线完全没戏？千万别这么想，因为你过没过四级跟考研英语是否能通过是没有决定性关系的。还有的同学和考研辅导老师喜欢“比较说”：四级刚过的话，考研也就考个40分；六级刚过考研，也就考个50分；六级考到500分以上，考研能考60分以上。我想说，这些话一点意义都没有。如果大学英语四、六级可以跟考研英语能这么换算分数的话，那考研还考英语干吗啊，直接换算不就完了吗？考研之所以要考英语，是因为考研英语和大学英语四级、六级对英语的要求不尽相同。过了大学英语六级、考研英语不过线的大有人在，没过大学英语四级、考研英语考到60分以上的也比比皆是。“死”在英语上的人确实多，但是大多数人都是因为学习方法和考试的技巧不过关。

想考高分的各位同学要跟那些英语老师学。但是有的同学只是想过线，我还特意问了一圈业界比较牛的考研英语老师，他们给我讲了很多英语过线的小技巧。自认为英语学得非常好、过线没问题的，下面这些内容，你可以跳过了。如果你认为你的英语过线很悬的话，下面的内容将是你的救命稻草。在这里，虎哥讲一些英语过线的小技巧，希望能够帮助到大家。

英语过线小技巧

我们以英语一为例。

首先，大家要知道，英语考试开始的时候千万不要先做完形填空。这是英语水平不高的人过线的关键。为什么？因为完形填空是真正的费力不讨好，耗费时间，耗费精力，得分不多，还把自己累得够呛。

大家从小到大都在做完形填空，不知道大家对完形填空是什么感觉，我做完形填空用两个字总结一下，就是恶心。完形填空是四个选项选一个，我做完形填空经常会遇到这样的情况：四个选项中，非常明显的是，A不对，D不对，这个题不是选B就是选C，纠结了3分钟，没有结果，一咬牙一跺脚一闭眼睛，选B，最后的答案往往是C。让我说准了吧？！结果花了20多分钟，做完形填空做得头晕眼花，心想，什么破玩意儿，这也太难了。最后终于把这20个题做完了，你能得多少分呢？我认识的一位考研阅卷组组长跟我说，完形填空平均得分历年来没有超过4分的时候。这4分是什么概念呢？假如你真的什么也不会，你全选一个选项，你的得分是2.5分。因为考研英语为了避免那些英语不好的人乱蒙而最后过线，特意将选项设置得非常平均。换句话说，你努力去做完形填空跟你自己不做全蒙一个选项的差距是1.5分——你多做对一个阅读理解（每个阅读理解题分值是2分）就出来了！所以，如果你英语不好，千万别傻了巴叽地去先做完形填空。每年都有同学在英语考试结束后哭着跟我说英语卷子作文没写完，不用问就知道这人肯定是先做了完形填空。

大家一定要记住，待卷子发下来后先写作文，然后是阅读理解，最后做完形填空。完形填空是选择题，这就意味着如果你看到题不会做，完全可以蒙，而你写不完作文一定是低分。

你知道上面这一点，你考英语的时候就不太可能做不完卷子。

做完卷子的技巧知道了，那么怎么过线呢？别着急，慢慢来。

整个英语试卷中分值最高的是阅读理解，几乎是个考研英语老师都会告诉你“得阅读理解者得高分”。但是你们知道在考研英语中哪一部分得分率是最高的吗？答案是写作。

写作在考研中占比也不小，英语一中，写作就有30分。写作分为小作文和大作文，小作文10分，大作文20分。而作文得高分的关键就是一个字：练！怎么练？各位同学一定要听虎哥的话，在还剩下一个多月就要考试的时候，在单日写一篇小作文，在双日写一篇大作文。比如12月1日、3日、5日、7日、9日等，你就写小作文，12月2日、4日、6日、8日等，你就写大作文。

小作文这么多年基本上考的就是应用文写作，说白了就是写信。而书信的内容就那么几种，常见的有求职信、表扬信、建议信、感谢信、辞职信、邀请信、道歉信等，其他种类的信考得很少。曾经有同学问我可不可能考情书，这一般不会考的。上大学啥都没干，净谈恋爱了，这不是阻碍你实现梦想吗？还有人问我可不可能写遗书！更不可能，你说复习考研的这一年本来就很苦了，很多人都不想活了，再写个遗书不是激发你的某种灵感吗？万一你想不开了，责任算谁的？所以，各位同学，假如你2025年考研，那么2024年刚考过的书信是不可能考的，2023年考过的书信考的可能性也不大。一共就那么几种信，再加上不经常考的通知，你写了将近20篇小作文，平均每种信你自己写过四五遍，你到考场上能不会写吗？大作文也是如此，考研英语一的大作文是看图作文，你想写跑题是非常困难的，除非你脑袋有坑。

上图是2012年英语一作文原图，大家觉得这是让你写什么呢？很显然，这让你写的是人的乐观与悲观。一瓶水倒掉了，还剩下半瓶，有的人很悲观地觉得全完了，有的人就觉得还好剩了一点。非常明显，基本上不太可能要求写别的事情吧。结果那一年，有的人写成了人的素质高低，说有的人素质高，有的人素质低……还有更奇葩的，写成了这个黑颜色的水倒掉后对环境的污染。我要是判卷老师，看到学生写这个，我肯定会想方设法找到这个学生看看他长成什么样，顺便问问他是怎么想的。

实际上，写大作文，只要不跑题，把开头写好，结尾写好，字不要太难看，分数就不会太低。每个判卷老师实际上在每篇作文上花费的时间不会超过一分钟，也就是说，老师根本不可能逐字逐句地认真去看你的作文，看你的句子结构啊，看你的单词有没有写错，看你的语法有没有错误，阅卷老师根本没那个时间。大过年的老师在判卷子，谁都想早点回家过年，只要你整个文章的结构没问题，而且开头、结尾写得都还不错，大作文分数不会很低的。

这里再次强调，大家的作文一定要自己写，你别光背模板自己不写，好记性不如烂笔头，这是改变你命运的考试。这是英语写作的大忌。很多人为什么过不了大学英语四级？写作挖了很大的坑，很多大学生将大学期间英语作文的处女作献给了四级考试。你想想当时是不是背了作文模板，真正考的时候就不会套用了？背作文模板没有错，但是一定要套用，自己写！

一句话，你只要练好了，你的作文一定能拿高分。作文满分30分，拿个20分不是梦想。

再看阅读理解，说实话，这个部分考查你的英语能力很全面，如果水平不高的话，很难考高分。但是如果你想过线的话，虎哥就这一个要求，你能做对其中5个题吗？我的要求不高，20个题，你花费一个半小时的时间做对5个题，这个要求不过分吧？

如果你能做对5个题，那就是10分。好了，这个时候看看你的选项。比如这5个题你有两个题选A、两个题选B、一个题选的是C，那么剩下的

15个题你不要犹豫，全部都选D！还记得我前面跟你说过，考研英语选项的答案很平均吗？阅读理解20个题，肯定有5个题是选D的。你15个题全都选D，不管哪五个题的答案是D，你必然会蒙对5个题，这又是10分。这样你在阅读理解会做5个题的前提下得到了20分。

同样的办法，你抽出10分钟的时间做完形填空，你会做5个题，你的完形填空就可以得到5分。

那么作文20分、阅读理解20分、完形填空5分，加起来是45分，大部分专业的国家线是可以过的。只要你的英语水平比我预想的稍微好一些，英语得分超过50分是很正常的。

当然，能学好英语的，一定要好好学。我前面说的办法都是应不时之需的。但是不要先做完形填空、一定要练写作，这两点大家一定要做到！

3. 数学

当然，有的同学不考数学。不考数学的请跳过这部分。考数学的请注意，数学对你来说是最重要的科目。

首先，大家应该知道，统考的数学包括数学一、数学二、数学三，相同的是满分都是150分，不同的是难度和考试范围以及适用专业。

考试范围方面，数学一中，高等数学占56%，线性代数占22%，概率论与数理统计占22%；数学二中，高等数学占78%，线性代数占22%，概率论与数理统计不考；数学三中，高等数学（或微积分）占56%，线性代数占22%，概率论与数理统计占22%。

考试内容方面，因篇幅有限，具体的数学一、数学二、数学三大纲及考试内容，请自行在网络上搜索。这里仅介绍大纲中要求的章节范围。

数学一：

①高等数学（函数、极限、连续、一元函数微积分学、向量代数与空间解析几何、多元函数的微积分学、无穷级数、常微分方程）；

②线性代数（行列式、矩阵、向量、线性方程组、矩阵的特征值和特征向量、二次型）；

③概率论与数理统计（随机事件和概率、随机变量及其概率分布、多维随机变量及其分布、随机变量的数字特征、大数定律和中心极限定理、数理统计的基本概念、参数估计、假设检验）。

数学二：

①高等数学（函数、极限、连续、一元函数微积分学、多元函数微积分学、常微分方程）；

②线性代数（行列式、矩阵、向量、线性方程组、矩阵的特征值和特征向量、二次型）。

数学三：

①高等数学（这里请注意：前面我为什么在说数学三的时候加了一个括号写上微积分呢？这个就跟我们要看的一些数学复习的经典教材有关了！数学三在高等数学这一部分因为要求的内容相对较少，所以很多学校经济类、管理类专业在本科期间所用教材并非理工类专业通常会使用的《高等数学》同济大学版，更多的学校本科阶段的教材是中国人民大学版《微积分》。而考数学三的同学在实际复习过程中使用哪一版教材的都有）（函数、极限、连续、一元函数微分学、一元函数积分学、多元函数微积分学、无穷级数、常微分方程与差分方

程）；

②线性代数（行列式、矩阵、向量、线性方程组、矩阵的特征值和特征向量、二次型）；

③概率论与数理统计（随机事件和概率、随机变量及其分布、多维随机变量及其分布、随机变量的数字特征、大数定律和中心极限定理、数理统计的基本概念、参数估计、假设检验）。

考试难度方面：

数学一在高等数学、线性代数和概率论与数理统计方面的难度都是最大的。数学三较数学一的范围和难度都小很多。数学二在高等数学、线性代数的范围和难度上大于数学三，小于数学一。

虽然三种数学统考有着这么多的差别，但是不管你考哪一种数学，都请你记住，数学在考研的四科中的地位绝对不能忽视——数学是考研中的拉分科目。

请你记住，如果你的专业是考数学的，拉分的科目就是数学；如果你的专业是不考数学的，拉分的科目是专业课。

因为政治和英语是不拉分的！你觉得你可能在政治和英语这两科和你的竞争对手拉开太大差距吗？不可能！

政治就不说了，大家成绩都差不多，谁都不敢说自己的政治很强，可以比别人多考很多分。英语实际上拉分的可能性也不大。因为英语考高分实在是太难了。你问问你师兄师姐，有几个人能考到70分以上？很少。如果你英语能考40分，那就可以了：如果你英语能考50分，那就不错了；如果你英语能考60分，那就相当不错了；你英语能考70分，你就牛了；你能考80分，那你牛大了；如果你英语能考到90分，哥们儿，请你一定告诉我，我给你买个摊位，我带领每年的考研同学买票去参观你去。下一期的《人与自然》我们就播你了，走近科学那就是走近你啊。

你说，张老师，我英语能考100分，那么我敢断言，你不是人，你是“来自星星的欧巴”。在别人答卷子的时候，你把时间固定了吧，你是不是抄答案去了？

而数学为什么拉分呢？

大家几乎从小到大都在学数学，大家学习数学的时候有没有发现数学有个很恶心人的特点——那就是牛的是真牛，不行的是真不行啊！大家回想一下上初中、高中的时候你们班有没有数学真不行的人，说不定你就是其中之一。虎哥上高中的时候有一个美女同学，对数学一窍不通。有的时候她找我给她讲题，我怎么讲，她都不会，气得我都抓狂了。但是你们上初中、高中的时候有没有数学真牛的同学？我相信也绝对有。有的人自己看看书就什么题都会做。同样是我的高中同学，有的题，老师不会的，都得找他问。每次考试，牛人数学都考满分。

在考研中，也有这样的人，你会发现数学150分满分，你考个110分，你觉得不错了，总有一帮人能考130~140分，还有个别人能考满分。政治、英语，你落下别人10分很难。到了数学这一块，落下别人10分轻轻松松。数学的试卷结构都是：单选题8个，每题4分；填空题6个，每题4分；解答题（包括证明题）9个，一共94分。数学最后4个解答题都是每题11分。你费劲在英语阅读理解上比别人多正确5个题，别人只需比你多会一个数学解答题就什么都扳回来了！不公平？没办法，这就是考研数学的重要性！

在实际的考研复习过程中，确实有那些必须考数学但是数学成绩不好的同学。如果你又是其中的一员，别头痛，你不是有我吗？“考研雷锋”可不是虚名。我来告诉你怎样在数学总分不占优势的情况下考上研究生。那些自认为数学很牛能考到130~140分的人可以跳过下面这段了，如果你的数学真不行，想考110~120分，那就请仔细往下看。

实际上数学考试大纲罗列的知识点是非常多的，但不是每个知识点都会考到。

我们看一下数学一中概率论与数理统计近五年的真题考点分布。

表2　概率论与数理统计（数学一）近五年考点

	第8题（5分）	**第9题（5分）**	**第10题（5分）**	**第16题（5分）**	**第22题（12分）**
2023	离散型随机变量的数学期望	样本方差 F分布卡方分布	无偏估计	二维离散型随机变量的联合分布律	协方差、独立性以随机变量的函数的分布
2022	方差的性质及常见分布的数字特征	切比雪夫不等式	条件分布及二维正态分布的概率密度函数	概率的基本运算公式	最大似然估计
2021	事件的运算	无偏估计	假设检验	相关系数的计算	概率密度及数字特征
	第7题（4分）	**第8题（4分）**	**第14题（4分）**	**第22题（11分）**	**第23题（11分）**
2020	事件的运算	列维－林德伯格中心极限定理	随机变量的数学期望与方差	混合型随机变量分布	最大似然估计
2019	事件的运算	连续性随机变量概率密度性质	连续型随机变量的数学期望	混合型随机变量分布	最大似然估计

表3　概率论与数理统计（数学一）考频统计

章节	考点	考频	具体年份
随机事件与概率	概率的基本运算	4	2019选择题第(7)题事件的运算 2020选择题第(7)题事件的运算 2021选择题第(8)题事件的运算 2022填空题第(16)题概率的基本运算公式
随机变量分布	随机变量函数的分布	4	2019选择题第(8)题连续性随机变量概率密度性质 2019解答题第(22)题混合型随机变量分布 2020解答题第(22)题混合型随机变量分布 2023填空题第(16)题二维离散型随机变量的联合分布律
随机变量的数字特征	期望、方差、协方差、相关系数	9	2019填空题第(14)题连续型随机变量的数学期望 2020填空题第(14)题随机变量的数学期望与方差 2021填空题第(16)题相关系数的计算 2021解答题第(22)题概率密度及数字特征 2022选择题第(8)题方差的性质及常见分布的数字特征 2022选择题第(10)题条件分布及二维正态分布的概率密度函数 2023选择题第(8)题离散型随机变量的数学期望 2023选择题第(9)题样本方差F分布卡方分布 2023解答题第(22)题协方差、独立性以随机变量的函数的分布
大数定律	大数定律和中心极限定理	2	2020选择题第(8)题列维－林德伯格中心极限定理 2022选择题第(9)题切比雪夫不等式
参数估计	矩估计与极大似然估计、偏估计	5	2020解答题第(23)题最大似然估计 2019解答题第(23)题最大似然估计 2022解答题第(22)题最大似然估计法及指数分布的性质 2021选择题第(9)题无偏估计 2023选择题第(10)题无偏估计
假设检验	假设检验	1	2021选择题第(10)题假设检验

表中数字表示相应年份的试卷中考题的题号。如果同一个题号出现在两部分内容中，表示该题综合了这两部分的知识点。

各位同学，如果你考数学一，在概率论与数理统计这一块你能总结出什么出题规律吗？

非常显然，大数定律和中心极限定理那一部分和假设检验这两块考的内容非常少，即使考了，分值也不高。参数估计这一部分，年年出大题。随机变量的数字特征这一块年年出题，而且题目和分值都非常可观。

那么重点复习哪一块、哪个部分需要重点复习，还用我告诉你吗？

有的人问我我怎么知道高等数学哪一部分考的分值多。实际上市面上卖的大部分数学复习辅导书籍（尤其是十年真题）基本上都会有这一部分的内容，就是近十年哪一部分考的分值多少、在哪一年第几题出现过这个知识点。

假如你数学的目标是110分，那么你的任务就是凑分！高等数学、线性代数、概率统计，你统计出来几乎年年都考的部分的考试分值，你会发现，只要你认真复习这几大块，你想达到110分不是没有希望。

这就是我经常跟同学们所说的凑分策略，毕竟我们要以考上研究生为目标，并不是真的要把数学的每个章节都学好！

4. 专业课

专业课这一块大体上可以分成两类：统考的专业课与非统考的专业课。

统考专业课是指由教育部统一命题的专业课考试科目。而非统考专业课是指由招生单位自行命题的专业课考试科目。

实际上不管你的专业课是否统考，在复习专业课的时候要注意的事情是相同的——专业课考试考查的内容在某种程度上不仅仅是你对这一科的学习情况，还考查你收集专业课信息的能力。

没错，专业课玩的是信息战。

比如，你了解你目标院校目标专业哪些老师牛、哪些老师稍微逊色吗？你知道你目标院校目标专业的老师中谁做行政是把好手，谁申请到了国家级的项目，谁开了自己的公司特别能赚钱？你知道你目标院校目标专业的专业课指定参考书是什么吗？哪些章节是重点，哪些章节是次重点？考试的时候都考什么题型？有没有单选，有没有多选，有没有简答，有没有论述题，有没有计算题？考试题中如果有计算题的话，考的内容多不多，难不难？

这些都是问题。

当你自问这些问题的时候，你会发现你对你目标院校目标专业完全不了解。

怎么办？

我的建议是，大家在复习专业课的过程中一定要认识一个人，不是我，而是你目标院校目标专业的师兄或者师姐。我可以这么说，你是否考得上研究生跟你是否认识这种研究生有着直接关系。

每年有同学问我：老师，我要不要去联系一下我目标院校目标专业的导师？实际上，联系导师也可以，但是在初试阶段我个人认为研究生对你的帮助有可能比导师大。导师在复试阶段可能会起到更关键的作用。初试阶段导师对你的帮助十分有限。

比如说，你想知道你目标院校目标专业初试专业课的考试重点，你觉得你找老师好使吗？首先，你认识的或者你找到的老师不一定出题，他不出题，你问他，他也不知道。就算你找的老师是出题老师，你含情脉脉地跟他说：老师，我想问一下咱们学校今年都考啥。老师不打死你才怪。他想不想给你划重点，我们先放在一边，关键是他不敢。

当然，有的导师有这个胆子，但是这种人实在是太少了。2010年度考研，出了一件大事，就是郑州大学新闻学院泄题事件。在当年的1月8日某论坛突然出现一篇帖子，发帖人声称见到一份卷子，这份卷子就是2010年度郑州大学新闻学院的考试题。结果在1月10日的考试中，帖子中有70%的题竟然都出现在考题中。教育部责令郑州大学新闻学院给个合理的解释。谁都不知道这份考题到底是怎么泄露出去的。打那以后，出题老师几乎是谈划题就色变——万一给学生划了题，哪个同学不开窍，将试题发到网上，任何一个老师都是吃不了兜着走的。就算老师给你划题了，你觉得你就有优势了吗？试想一下，这位老师给你划了重点，他会不会也给别人划了重点？你没有任何的优势可言。想知道考试重点，你还不如找研究生师兄师姐！在读研究生首先通过自己的努力考上了这个学校这个专业，那么他的复习经验你要不要学习一下？这是必然的。人家看了哪些书、做了哪些题，你要不要问一下？他在复习过程中肯定做过这个学校历年真题，那么这个学校的专业课哪些章节是重点、哪些章节基本不用看、考试的时候都有哪些题型等这些问题，他知不知道？他肯定知道！说白了就是，人家怎么考上的，你好好问问，人家怎么复习的，你就怎么复习，我相信，只要你努力，肯定考上的概率也不低。

另外有些问题你是没法问老师的，你问老师，老师也不会跟你说实话。比如说你想了解目标学校目标专业哪些老师牛、哪些老师不行，你能直接问老师吗？你找到一个老师问他：我想问一下咱们学校哪个老师最㞞啊。老师一听，气就不打一处来，就是他。你说你这是何苦呢？像这种问题，同样应该问研究生。他们绝对了解。道理非常简单：哥们儿，你在你们学校也混了两三年了吧，你们这个专业哪些老师牛，你自己知道不知道？你肯定知道！

所以大家在复习过程中一定要想办法认识一个研究生。

总结一下考研各科在考研中的地位：

政治——最简单，一定要报辅导班，报辅导班的目的是节省时间！

英语——任务是过线，如果你想考名校，一定要考高分！

数学——拉分项，你要精益求精，能考多高就考多高！

专业课——信息战，你要想办法认识你目标院校目标专业的研究生！

5. 复试

终于说到复试了。

现在很多学校的复试权重已经占到了整个考试的50%。这个“50%”是什么概念呢？比如你最后的考研成绩在复试比重占据50%的情况下是这样计算的：

总成绩 = 初试成绩（满分500分）+ 复试成绩（满分500分）

你要知道你初试比你的竞争对手高10分，你可能费了很大的劲，但是复试时你的竞争对手比你高10分很有可能只需要一个微笑。就像我前面所说的，你的初试分数再高，甚至是初试的第一名，可是复试的时候老师问你啥你都不会，跟你说话，老师就找不到感觉。最后老师发现你就是个书呆子，除了考试，你啥都不行，你觉得老师会要你吗？相反，就算你初试的成绩不如别人，但是老师问你的问题你都知道，几乎对答如流，你是老师的话，你不会对这样的学生心动吗？所以你们千万别以为初试过了复试就没有问题。

在复试之前，你一定要问问你目标院校目标专业的人，这个学校这个专业的复试到底是怎样的。只有充分准备复试，你才不会死在冲过终点线的路上。而且你要记住，除非你目标院校目标专业的研究生报考的时候跟你的报考情况相同，给你讲了这个学校复试的情况是什么样子的，否则其他任何人跟你说的复试经验都是他的个人经验，对你来说没有任何意义。

比如说，你在准备复试过程中问了一个本校本专业考上研究生的同学的意见，这意见就没有参考价值，因为除非他在复试的时候跟老师打起来，否则老师一般不会淘汰本校本专业的同学。假如你是个“三本”的同学，你问一个本科为“985”高校考到你目标院校的同学的复试经历，可参考价值也不大，老师没有问他的问题不代表老师不会问你。

实际上复试主要分三大部分：笔试（包括实验操作或其他技能考试）、外语复试和面试。下面我就分别从这三个方面给大家详细介绍一下复试该如何准备。

（1）笔试（或实验操作）

这一部分一般情况下占整个复试的40%。（我这里所说的“一般情况下”说的是大部分的学校和专业，有的学校没有笔试，每个学校每个专业的复试情况都不一样，具体请参照自己目标院校目标专业的复试通知。后面的英语复试和面试同样如此。）

一般情况下，你去复试的第一关就是笔试，有的学校会加上你的实验技能或其他技能考试。这一关有两个特点：一是在复试中所占比重较大，能占到整个复试的40%左右；二是很多学校在这一关有不及格淘汰制。也就是说，假如你复试笔试的满分为100分，但是你最后的成绩不及格，你将直接被淘汰，没有资格参加后面的复试内容。

其实这一关的准备方法跟你专业课的复习方法是相同的，主要就是抓真题。差别在于复试专业课的真题以及相关资料不像初试专业课那样相对容易获得。这个时候，另外一个资料的重要性就体现出来了，那就是你目标院校目标专业复试笔试这一科的期末考试题，实际上在初试阶段，你目标院校目标专业初试专业课的期末考试题同样很重要。因为同一本书，老师出两张卷子，一张用于期末考试，另外一张拿来考研，重点其实都差不多。原因在于，老师比较懒。

比如你的期末考试卷，你会发现同一科今年的期末考试卷与去年、前年的期末考试卷重点都差不多，因为一本书的重点就那么多，考来考去都是那点玩意儿。更重要的是，很少有学校有专业老师会单独给你出一套卷子来考查你。所以这个期末考试卷的重要性就不言而喻了。

那么去哪里找这种期末考试卷呢？想一想？你可以去你目标院校周围的复印店看一看。这些复印店的老板都不是等闲之辈，他们往往会收集各个专业各科专业课的期末考试卷，在期末考试之前向考生兜售，复印一份期末考试卷的价格一般在2元以内。你自己去看看吧。

而理工类专业、设计类专业有可能会在复试的时候加上实验操作技能考试或者相关技能的考试。这个是可以理解的，如果你问出来你目标院校有这一块内容，你要自己想办法找到相关的实验器材去上上手，以免在复试的时候让老师觉得你在后面的科研工作中帮不到他。

跨专业考的学生要注意，不要只看这个学校初试阶段的专业课而不看复试阶段的专业课，或者太过于掉以轻心，觉得自己初试分数高，复试绝对没问题了，结果会造成非常严重的后果。所以大家千万不要以为我是说着玩的，更不要相信一些不负责任的师兄师姐跟你说只要初试分高就没问题这样的鬼话。一定要好好地准备复试的笔试，否则后悔药没有地方买。

（2）外语复试

这一部分通常会占到整个复试成绩的20%。（通常外语复试的比重不会超过30%。）

我个人认为，外语复试不是你复试中最重要的部分，但是应该是各位同学在复试中最害怕的部分。很多人在复试之前十分害怕老师说的英语自己听不懂。实际上大家没有必要过分担心这个问题，因为大多数情况下，你没听懂老师说什么，不见得你的竞争对手听懂了。

关于外语复试，大家无外乎会遇到以下三种情况：

没有外语复试，或者外语复试很简单，或者专业英语复试。

是的，很多学校没有外语复试。因为有的老师自己的英语都不咋样。

虽然说大部分高校都声称自己的复试中有外语复试，但是因为有的老师的英语都扔了多年，他自己都没有办法说出一个完整的句子，他干脆就没有英语复试。有的就是让你做一个简单的自我介绍。

自我介绍是大多数学校英语复试的开场白。在做自我介绍的时候，大家要注意两点：第一就是自我介绍的时间不要太长，最好在2~3分钟为宜；第二就是在分数线出来得知自己能参加复试之后，最好写一个自我介绍并背得滚瓜烂熟，到时候拿来用，让老师觉得最起码你认真准备了。

特别是那些招生人数为20人、过线人数正好也就20人甚至不到20人的情况，基本上复试就是个过场。（这里大家要明白一个数据叫作差额复试比。大多数院校是1 ∶ 1.2。比如某一高校某一专业计划招生人数50人，那么他会让50×1.2=60人来参加复试。当然，前提是有60个人过国家线或复试分数线。）本来生源就不足，基本上老师们不会因为你英语不好而去淘汰自己本来就不是很充足的生源的。

一般情况下，生源不足的时候，特别是那些非名牌高校生源不足的时候，英语复试就是这个样子。但是名校或生源相对充足的时候，不考查英语似乎丢了自己的面子，这就出现了第二种情况——从外语学院调集老师复试或进行简单的口语对话。

有的学校自己的老师英语水平不咋样，但是还得复试你的英语口语和听力，那该怎么办呢？从外语学院调集老师是个不错的选择。

实际上英语这个专业是个被中国人学烂了的专业。我说这句话，希望学外语的同学别不高兴啊。因为几乎每个大学本科都开设英语这个专业，文科类高校有，理工类高校有，财经类高校也有，甚至医科类大学、中医类大学都有英语专业。因为每个高校在大学期间都要开设英语课。而外语学院的老师往往就成了很多高校复试的时候的主力军。

外语学院的老师在复试的时候问的问题一般都比较有特点，你听都能听出来，就是他们问的问题一般情况下都是跟生活有关系的，跟专业无关。

因为外语学院的老师一般对你的专业都不是很了解，他也不知道你的专业上的专业名词该怎么说，如果他问了一个专业的英语问题，很有可能你回答的时候用到的专业英语名词他都听不懂。所以他问的问题一般都是你家是哪儿的啊，介绍一下你的家乡啊，你为什么考这个学校啊，你有几个男朋友啊之类的问题。

面对这种难度不大的情况，你只要做到把日常生活中用到的口语练得不错就可以了。只要你在回答问题的时候相对流利，分数就不会太低。

但是有的学校有的专业的老师对自己的学生要求极高，这就可能出现第三种情况——专业英语复试。

这个是最难的。

有的老师会用英语问你专业英语问题，甚至让你阅读你这个专业的相关论文。如果你的目标院校目标专业是这样复试英语的，针对专业英语，你应该做如下准备：

第一，将你目标院校目标专业的初试参考书和复试参考书的目录翻译成英文背下来。道理非常简单。你这个专业最重要的名词一定会在目录中作为章节的名字，对吧？它不重要就不会出现在目录的章节名字里。所以这是你首先要准备的东西。

第二，将你目标院校目标专业下面所设分的方向名字翻译成英文并背下来。因为老师很有可能问你跟这个方向有关的英语问题。

第三，将你目标院校目标专业所有老师写过的论文的论文题目翻译成英文并背下来。因为老师极有可能问你他所涉及的研究领域，或者他写过的论文相关方面的问题。

可以这样说，你把这三点准备好了，专业英语复试是不会出太大的问题的。

话又说回来，你到底该怎么准备，完全看你目标院校是怎么复试的。大家一定要在复试之前问问自己的师兄或师姐这个学校的英语到底是怎么复试的。假如它就是让你做个简单的自我介绍，你就没有必要整得那么麻烦；假如它就是考得那么难，那么你练练所谓的口语就可能远远不够了。

但是英语复试在各个学校的实际复试中占的比重并不大。大家可以去各个学校研究生院的网站看看。除非你的目标院校目标专业对你的英语水平要求特别高，否则这一部分不会成为老师要不要你的关键。

实际上关键是你复试的第三部分——面试。

(3) 面试

我可以这么说，老师要不要你，关键是看面试。

说白了，就是老师喜不喜欢你。

这跟相亲其实是一个道理，首先得要看着顺眼吧。老师一看见你，哎呀，小伙倍儿精神，人长得也帅，成绩还特别好，当即把你视为爱婿的候选人也说不准！结果老师一看见你就有一种看见大海的感觉——他晕船，看见你就想吐，你说老师能要你吗？

所以，去面试首先穿着打扮要注意，不要太正式，更不要太随便。你可以长得不咋样，但是不可以在穿着打扮上让老师觉得不受尊重。

个人建议，在面试当天，不管男同学还是女同学，最好穿刚刚洗过的并且熨得比较平整的衣服。男生发型最好不要太潮流，不要穿西装扎领带，否则老师会认为你是卖保险的或者是办理信用卡的。女生尽量不要化妆，即使化妆，也是淡妆为宜，穿着上不要过于那个（暴露），懂不？整体上，不要太幼稚，穿着打扮正常一点，干净得体就可以了。说话尽量使用普通话，最好不要用方言，因为老师有可能听不懂你在说什么，老师都听不懂你说话，录取你的可能性几乎为零。说话的时候要自信，不要用"好像""可能"等不确定词语。总之，你得让老师喜欢你。这里，虎哥教你面试两法宝，你把我这两招儿学会了，复试通过的可能性就很大了。

法宝一：自信。

大家在面试的时候一定要自信。

自信是你成功的一半。心中要有"我行，你们都不行"的想法。

尤其是那些本科学校不是特别好的同学，千万别以为老师会不要你。每年都有同学跟我说：虎哥，我听说这个学校不要我们学校的学生。我跟你说，这都是屁话，老师问你什么你都知道，老师可能会不要你吗？面对名校的同学时要不卑不亢！名校牛什么？他跟你考的不是同一个分数吗？一个名校的跟你一个“三本”院校的考一个分数，你说谁该害臊？所以不要怕他。

法宝二：一定要提前询问老师可能问的问题，进行充分的准备。

大家试想一下，面试你的人跟面试你师兄师姐的人换的可能性大吗？不大！因为第一老师没去世，第二老师也不可能犯什么大错误，是吧？

大家再想一下，面试老师的研究方向换的可能性大吗？同样不大！他不可能今天研究这个方向，过两天又换研究方向了。

那么，人没换，研究方向没改变，老师问的问题换的可能性就不大。

如果我是你，我在复试之前一定要到我的目标院校，找到我认识的那个研究生，让他找他的几个同学，我要请他们吃饭。要请客就吃点好的，点一桌子菜，一个一个问，老师前一年都问过他们什么问题。

老师问的问题一般分为两大类：一大类跟你的专业有关，而另外一大类就是跟你这个专业无关的问题了，比如你为什么考我们学校啊、为什么学这个专业啊、为什么来到这个城市啊、将来有什么理想啊。像这些跟专业无关的问题，你都可以提前准备，别回答得太俗气，情理之中，稍微有点意料之外，让老师觉得你是个很有想法的孩子。

准备好老师前一年问过的大多数问题，自己再潜心看看这个专业的发展趋势以及相应的基础问题，复试通过的可能性就很大了。

6. 合理安排考研备考时间

考研与高考不同，各个考试科目，没有老师给你把关，也没有人帮你规划好每一个阶段的学习内容，同时也没有那么多志同道合的同学并肩作战。对大多数考研人来说，考研其实是一个漫长且孤独的旅程。所以，同学们在考研备战中，除了调整和保持好心态，保证自己有坚持到底的决心毅力外，其中，更重要的是要沉静下来规划好考研学习时间与各科目的复习规划，否则可能就像无头苍蝇一样，找不到复习方向，甚至也很难坚持到最后。

应届考生一般从大三开始，甚至从大二下半年，就需要明确考研的决心与目的，协调好自身学习生活的时间与接下来一年多的规划，并开始为考研择校与择专业做好前期的信息准备工作，这时候到考研初试差不多是一年多的时间，那这一年多的备考究竟怎样规划更为合理呢？

接下来就针对考研的各个科目为同学们提供个学习规划与思路，考研的同学可以参考一下，这些基本思路都是结合多年成功考生的案例以及各个科目名师的指导来规划、整理的，各位考研人可以借鉴，安排自己的考研备考节奏和学习计划。

(1) 考研各科目的复习时间如何安排比较合理？

总体来说，考研的每个考试科目，无论是公共课还是专业课，基本都是经历“基础阶段—强化提高阶段—回顾冲刺阶段”这样一个备考过程。

下面来看看各个学科每个备战阶段一般建议是怎样安排的。

①考研英语

考研英语的备考，从开始决定考研的那时起就可以开始了，基本可以分为三个阶段。很多考生经常说自己的英语不好，实际上大多是因为“词汇量不足”,所以单词的学习与背诵贯穿整个考研英语的备考过程。

基础阶段（准备考研起—6月）

考研英语夯实基础，专攻考纲词汇，并学习核心语法知识，为接下来的阅读训练奠定基础，同时开始做一些长难句的分析训练，初步掌握基本的句法句式分析方法。

强化阶段（7月—11月）

在前期学习的基础上，进一步训练、强化，考研真题是复习训练的主阵地，也是主要复习资料。以阅读题型为核心进行往年真题文章的精读与研读，总结分析文章长难句，提炼文章中的词汇、词组、搭配等，熟练掌握各种考查题型的解题方法和技巧。同时也应该在这一阶段开始作文的学习。

冲刺阶段(11月中—初试)

继续对真题进行研究，针对理解薄弱的地方，及时查漏补缺。同时，开始进行模考实战，在固定的时间内闭卷做完一整套试卷，建议在前期练习真题时就预留近三年的真题进行最后的模考训练，针对模考中的问题，安排答题顺序、答题时间和答题节奏，对完答案后对自己的分数进行一个估计，并按照前文的真题三步训练法继续精研真题。最后，作文是练习的重点，在最后的冲刺阶段要加强作文的训练强度，背诵范文，整理作文素材和模板，强化语感记忆。

②考研政治

考研政治是投入产出比最高的科目！只要付出足够的时间掌握住学习

政治的方法是很容易得分的，当然它也是耗费时间相对比较多的科目，怎样在有限的时间得到高分也就是好多学生报辅导班的原因！

考研政治复习不需要开始太早，一般情况下，建议从每年的五六月份开始即可，或是从暑期开始就行。

基础阶段（8月之前）

这个阶段的主要任务就是熟悉政治理论的大致框架和知识点，在思想上形成一个系统、整体的思维。其中，《马克思主义基本原理》课程的概念、观点、原理较多，而且比较抽象，尤其是哲学部分，复习起来有一定的难度，建议大家从这一阶段便开始着手复习，这是后期强化复习的基石。对于“马原”难度系数较大的科目，建议多花些时间；对“毛中特”以及“史纲”有一个综述上的了解；“思修”是比较简单的科目，可以少花费一些时间，大体上有所了解。

强化阶段(8月—9月)

强化阶段的学习需要总体把握考研政治各个考查范围的内容以及重难点，在完成一轮知识点学习后，做到了解并熟悉整体的知识框架，并在全面了解考研政治总体情况的基础上，抓住重点知识点，了解核心考点。每年教育部发布考研政治大纲大概在8月下旬至9月上旬，在大纲公布之后，若是有变动的部分，需要重点把变动的知识点重新梳理一遍。同时开始进行客观题刷题，即刷选择题。当然，除了知识点的学习以外，这一阶段需要开始进行大量的真题和习题反复练习，巩固并提高知识点掌握程度。

提高阶段(10月—11月)

在对考纲知识点有了整体把握的情况下，提炼重点、高频考点。继续反复练习错题、研究真题，可搭配模拟套卷来做题。通过对选择题的练习加强对知识点的记忆，并查漏补缺，反复练习错题，加强对问题的理解。后期，开始结合当年的时政热点进行主观分析题的梳理和初步复习。

冲刺阶段(12月一初试前)

在强化刷题基础之上，针对自己在复习中发现的薄弱知识点，强化补充学习。查漏补缺，梳理和串联所有知识点，加强理解记忆和背诵，确保自己对考纲所有的知识点都掌握。

加大习题的训练强度，练习模拟题，并认真分析错题，重点训练选择题部分，主观题部分可以直接背诵答案与分析，并模拟做题，动笔完整地写下来，增强题感。

③考研数学

基础阶段(4月一6月)

全面掌握基本的概念、理论和方法，并开始大量的习题训练，建议选择一本优质的习题集，在做题的过程中学会运用相关的知识点。这一阶段的习题训练不必追求解题的速度和答题的正确率，而是要在解题中积累解题思路、经验和方法，同时，计算能力也可以得到训练。

若是基础薄弱或零基础的同学，如果你之前都没有学过考研数学，那首先你要对考研数学有一个系统的了解，同时对书上的概念、性质、定理等有一定理解。

建议这类零基础的同学搭配视频看教材，毕竟数学是一门自学较困难的学科。在老师的讲授下，知识理解起来也会相对容易一些。

学有余力的同学可以深入掌握性质、定理的证明及应用。每学完一个或几个知识点，一定要拿书上的对应例题、习题练手，检验自己掌握的程度。总结一些简单题型的做题思路，为后期复习打好基础。

强化阶段(7月—8月)

全面系统地搭建知识体系，归纳题型，总结思路和方法。梳理知识框架，将考点联系起来。在前期练习习题的基础上，保证刷题的数量和质量，提高计算速度和正确率，熟能生巧。缩短复习周期，攻克薄弱知识点和难点，熟练掌握常考题型以及重难点题目的解题方法和思路。在学习过程中形成自己的错题本，梳理自己的薄弱知识点，对症下药，反复研究、练习。

此阶段，在保证刷题数量的基础上，也要提高计算速度和正确率。如何提高？唯熟练尔。在做题过程中，要不断总结解题思路。相比上一刷题阶段的举步维艰，强化时期解题相对更容易有思路。在此需要注意的是，眼睛会做题并不是真的会，实际动手正确地算出来才称得上会做题！

真题阶段(9月—11月)

通过对真题的研究，了解出题人的出题习惯和解题思路。完成历年的真题练习，总体上把握考研数学的试卷难度。真题是考研学习最核心、最宝贵的学习参考资料，建议在限定时间内（2小时30分钟）完成每套卷子，在保证正确率的同时训练做题的速度。每一套真题至少刷两遍，第一遍模拟整个考试流程和时间进行训练；第二遍按照考点分板块来练习、研究，提升做题的技巧，进一步掌握解题思路和方法。针对做错的题目和仍存在盲区的知识点，要及时记录、总结和回顾。

冲刺阶段(12月—初试)

全面掌握数学学习的内容，进行模拟考试，培养做题习惯，并查漏补缺。回顾前期复习形成的笔记、错题本等，重点注意基础知识考点的总体掌握。同时选择优质的模拟试卷进行模拟考试，通过模拟进行实战训练，把握自己做题的时间分配、做题节奏和速度。在解析模拟题的过程中，最后进行查漏补缺，避免有空白的知识点或难点没有掌握。

④考研专业课

准备阶段(3月之前)

决定考研后，很多同学对自己所考专业课内容范围的了解可能还处于一个模糊的状态，所以此时信息的广泛搜集非常关键。通过目标院校研究生院招生网站、历年考研成功同学的经验帖、直接求助学长学姐本人等方式，获取对专业课复习有用的信息、补全参考资料、了解学习思路和方法等。这个阶段时间可长可短，在确定考研时就可以开始了。

基础阶段(3月—6月)

全面熟悉参考书目基础内容，并结合考试要求，适当扩展知识面，系统地理解和梳理知识点，构建知识体系。

不急于在这一阶段就把知识点背得滚瓜烂熟，重点是对考点的理解、梳理和把握，建议通过构建知识框架、使用逻辑图、思维导图等形式帮助理解和记忆，事半功倍。

这一阶段也是上一届考研人复试阶段，也要关注目标院校目标专业的复试情况，对择校报考有非常重要的参考价值。

强化阶段(7月—9月)

全面掌握每本参考书的知识点，根据往年真题，标注并攻克重难点。这一阶段可以开始搜集历年的专业课真题，专业课的真题相比公共课来说，难以搜集，可以向学长学姐咨询。

搜集到真题后，不急于去练习，而是根据真题的考点了解到参考书中的重难点部分在哪里。真题内容尤其是分析题部分，材料可能具有时效性，可以同时结合近年的行业热点进行学习。

在充分了解重难点的基础上，进一步强化对书本知识点的学习，要做到结合自己整理的知识框架回忆基本的知识点。

提高阶段(10月—11月)

开始进行真题练习，将知识点内化成自己的东西，灵活运用到解题中。消化知识点，动笔练习真题，在练习中形成自己的答题定式，提高熟练度。

真题的练习一定要动笔完整写下来，培养按要点答题的习惯，训练答题速度。有条件的话，可以请学长学姐帮忙批改。针对自己真题的练习情况，查漏补缺，加强对知识点的记忆。

冲刺阶段(12月—初试)

根据前面学习所积累的知识框架、重难点、真题要点等材料，完整地复习，查漏补缺。反复背诵基础和重点知识点，做到熟记熟背。继续练习真题，提高做题的熟练程度，掌握答题技巧和方法。调整心态，保持状态，积极应对考试。

（2）如何规划自己的备考时间？

考研备考的时间安排与规划，一定是因人而异的，因为每个同学的目标院校、目标专业都不一样，开始备战的时间不同，实力与水平也有高低，在后续的学习中每个人的进度也会不同。同学们无须复制别人的学习计划，而是应该根据自己的个人情况进行具体的分析，做出相应的调整。

前面也说过了，各科的复习规划主要分为基础准备、强化提高、全面冲刺这三个阶段。对不同情况的考生来说，一方面开始的时间可能不同，有早有晚；另一方面复习的进度不同，有快有慢。那对不同情况的考生来说怎样规划更为合适呢？

对应届考生来说，最好在大三开学时就要下定考研的决心，对自己要做好定位，是考上还是考好，这非常重要！

考研备考并非谁都能一下子就能进入复习状态，前两年很多人都没有好的学习习惯，至少需要1~2个月来让自己进入考研复习状态，在这个基础上，给自己预留9~12个月的备考时间最为适宜。早点准备是有用的，但要合理规划和安排备考时间，否则可能难以坚持，备考时间太短的话，风险就比较大了。

考生应该为自己规划好每一个阶段的时间和大致的学习计划，保证自己尽可能掌握各个科目要求掌握的知识内容。

而对在职考研的同学来说，大致也是经历同样的学习过程，但是在具体的时间安排上，可能要预留出更多的时间备考。平衡工作和学习时间，根据自身的情况合理规划，学会利用碎片化的时间学习。

有些同学可能开始备考的时间比较晚，在这里告诉同学们，确实准备得更为充分比较好，但是复习的效果不在于时间的长短，而在于学习的效率，开始较晚的同学更应该制订严密的学习计划并严格执行，充分利用时间，在较短的时间内掌握更多的知识。

在备考时，难免会发现其他人的进度比自己快了或者慢了，同学们一定要严格执行自己的学习计划，保证高效率地学习，能够在初试之前完成所有的学习计划即可，不要被别人的学习进度影响，扰乱了心绪。

希望同学们合理安排考研时间，根据自己的情况制订好学习规划。随着时间的推移，在循序渐进的学习之后，相信同学们都能一步步掌握知识要点，最后稳步走进考场！

附一份考研作息时间表，大家可以参考：

06:00—06:30　起床

06:30—07:00　跑步（跑步速度不用快，呼吸平稳即可，适度）

07:10—07:30　吃早饭

07:40—08:20　背单词（空气新鲜的教室）

08:30—11:40　复习时间，冲刺阶段可做计时练习

11:50—12:20　吃午饭，九成饱，有肉，多菜

12:30—13:00　午睡不可超过1小时，15~30分钟为佳

13:00—17:00　复习时间，冲刺阶段可做套卷练习

17:20—17:30　跑步（速度适中就好，有条件可以做一些力量运动）

17:30—18:00　吃晚饭

18:00—21:30　复习时间

21:30—22:00　每日总结、复盘

22:00—22:30　锻炼+洗漱

22:30—23:00　睡前背单词或政治

23:00—06:00　睡觉（严格执行）

7. 复习考研的题外话

下面我再说两句题外话，你把我这两句题外话记住了，你离研究生的录取通知书就不远了。

（1）在考研准备初期，你应该先复习哪科、后复习哪科呢？

答案是先复习英语、数学，后复习政治、专业课。当然，如果你所报考的专业不考数学的话，你可以先复习英语和专业课。

原因非常简单：政治和专业课是你可以在很短的时间内复习到得分很高的科目。

别说你不信！

各位同学，你自己回忆一下是不是这样的。你本科阶段的期末考试，

是不是政治和专业课几乎考前冲刺一个星期就可以考得不错？有的同学跟我说，那是因为有老师给你们划重点。实际上在考研备考过程中也有人给你划重点。政治给你划重点的就是我们辅导班的老师，你要相信我们老师的能力和经验。有的老头儿这辈子没干别的，就研究政治考试规律了。他划重点的能力绝对比你乱背一通要好使。至于专业课，我也让你找研究生去给你介绍经验，告诉你该看什么。

你们觉得数学和英语是短时间内可以快速提高成绩的科目吗？绝对不是。这两科一定是在考研复习的初期要花大量的时间打好基础的科目。

然而，每年还是有同学有别的想法。

给我印象比较深的是秦皇岛某高校的一个同学。当时他刚刚升入大三，离他考研还有一年半的时间。他说：虎哥，我想考中国人民大学金融学，我现在想买一下中国人民大学的参考书和真题看看，哪里有卖的？他所犯的错误是每年大家非常容易犯的错误，这是非常标准的本末倒置。中国人民大学的金融学每年复试分数线是400分左右。400分是什么概念呢？政治70分，英语70分，数学考130分，专业课也要考130分。我就问他：你数学能考130分吗？他说：我现在还没开始复习数学呢，我觉得我数学会复习得不错。觉得？！试想一下，假如这位同学先把专业课看了一通，看得好不好我们先不说，如果他在后来的复习过程中数学复习得并不尽人意，发现自己的数学只能考到110分，怎么办？到时候他只有一个选择，那就是换目标学校。一旦换了目标学校，人大的专业课全都白看了！浪费时间，浪费金钱。

有的人跟我说，虎哥，如果数学只能考110分的话，可以其他科目提高下成绩啊！我想说，你觉得哪科提高成绩容易呢？专业课考到140分？实际上不管你考什么学校、什么专业，每年在专业课这一科能考到140分以上的寥寥无几，最多有万分之一的人达到这个水平。

所以，大家一定不要本末倒置，尤其是所报考专业要考数学的同学，数学毕竟决定了你的总分！数学分高，总分一定高！对报考经管类的同学来讲，如果你英语能够过60分，英语加数学能考到190分以上甚至200分以上，你的选择余地会非常大。理工类同学英语过50分，数学加英语考到180分的话，只要你报考的不是超级牛的高校超级牛的专业，大多数只要复试不出问题，也是能够考上一个不错的学校的。

所以复习初期的复习顺序千万不能搞混。

（2）学渣如何在考研中逆袭？

几乎每年都有同学会问我这样一个问题：张老师，我呢，底子不好，还不爱学习，还想考个好学校，你说我能考上吗？

大多数考研老师都会觉得这个哥们儿是不是放弃治疗了。但是虎哥告诉你，这是可以的。

那么怎么在底子不好、不爱学习的情况下考上好学校呢？

首先，我想问一下大家：考研考几科啊？

前面我说过，大多数专业考四科，分别是政治、英语、数学、专业课或者是政治、英语、专业课一、专业课二。

那好，我想问大家一个问题：你考研就考这四科，除了这四科以外的其他科目，你学得再好，跟你考研有关系吗？答案是没关系！你们班学习比你好的同学，年年拿一等奖学金的同学，这四科学得一定比你好吗？这也不一定！

我们一科一科看。

政治，你们谁敢说你学得一定比别人好？你们班的学霸在政治这一科也不一定考高分，你说，对吧？

英语，别人再比你好，能比你好哪里去？！英语考高分难不难？超级难！70多分到顶了！他要是没考70多分，跟你差距也就10分左右。

数学，作为一个理工类的同学，作为一个学过大学数学的同学，只要努努力，你不一定比别人差吧？！

专业课，只考一门。你有必要把你补考的专业课学得很好吗？实际上你只需要把你考的专业课考好就可以了，是不是？有的人说：张老师，我就是要把我所学的所有专业课都学好。实际上，这也不是不可能。但是我就想问一句：你想干什么？你说：张老师，我想保研！好，那你必须把你要考的专业课都学好，否则你排名不高，你没有保研资格。你说：张老师，我想拿奖学金。那你也必须都学好。但是，你有能力拿到奖学金吗？换句话说，你觉得你能把所有的专业课都学好吗？不一定吧。那你考什么你就学什么不就完了吗？

每年都有同学跟我说：虎哥，我大三的课非常多，是本科阶段的课程重要还是考研重要？还有人跟我说：虎哥，我听说考研复试的时候，老师更愿意要那些本科成绩比较好的同学。

实际情况其实是，不管你找工作还是考研，用人单位或者研究生导师虽然要求你打印本科阶段成绩单，实际上老师并不看你本科阶段的成绩！为什么？因为人家非常了解现在的大学期末考试，你那个期末考试成绩是怎么考出来的，大家心里都非常清楚。即使你期末考试成绩考得非常好，而且确确实实是自己认真学习得到的成绩，我想问的是，现在我给你出一张你当年考得最好的专业课的试卷，你还能考那么高的分数吗？哪怕你挂科了，招生单位的老师也不一定认为你是真的没学好或者不努力，有的老师一看你挂过科，说不定还会认为你这个孩子很诚实呢——考试的时候没有作弊！你说：虎哥，我挂过好几科。老师说不定会发出惊叹——这也太诚实了。在复试的培训中，我经常教那些挂过科的同学，如果老师问你为什么挂过科，是不是本科阶段没有好好学习，你就说：第一，你们学校的教学很严格，从不给学生划重点；第二，你对自己的要求很严格，你的水平能考多少分，你就考多少分，你从不作弊！老师绝对会对你另眼相看！更何况，在初试阶段，你的这个成绩单根本就用不上。

所以大家一定要明确一点：从准备考研的那一刻起，到考研初试结束之前，你要把大量的精力和学习时间都要用在你考研要考的这几门课上。只有这样，你才会真正体会到“待到考研到来时，即是学渣逆袭日”这句话的真谛。

第五章

考研全流程介绍

考研的科目介绍完了，下面给大家说说你咋就成了一个研究生。

有的同学说：虎哥，这有啥好介绍的？你告诉我哪天考试、哪天报名就完了呗，我好好复习，报了名，我去考试，考完试去复试，我不就成了研究生？实际上，是这样的。但是近些年，大家越来越迷茫，越来越浮躁。特别是在考研初期，很多人问我：什么时候开始准备啊？什么时候开始定院校啊？什么时候看哪一科啊？这种问题，越问越细。那我就把从你开始准备到最后收到通知书的全流程介绍一遍，希望对大家有用。

1. 报名前你要做的事情

每年的9月24日和10月8日（有时是10月10日），对考研的同学来说是非常重要的两个日子。因为不管你什么时候开始准备、你考的是什么专业、你的底子怎么样，只要你参加考研，这两个日子你就应该记住：9月24日是应届生预报名的第一天，10月8日是同学们正式报名的第一天。而实际上考研的准备并不是从报名这一天开始的，报名之前，各位同学就应该做很多事情。下面我先说报名之前你应该做的一些事情。

（1）开始准备考研

不知道正在看书的你准备哪一年考研。从你看到这本书，或者听到我的课的时候，你就已经算是在准备考研了，但是不一定开始正式复习了。

而同学们在什么时候开始复习这个问题上大体分成了两个派系——早复习派和晚复习派。反正是公说公有理，婆说婆有理。早复习的时候同学说，早起的鸟儿有虫吃，笨鸟先飞占得先机。晚复习的同学说，不要把战线拉得太长，后期会疲惫，没有复习的劲头。这两种说法听着都挺有道理。那到底该什么时候真正开始复习看书呢？

其实，你从什么时候开始准备，完全看你的个人情况。我的意见是，不管你底子好不好，想考研的从大二下学期就得开始了解考研，关注考研；底子不好的同学或者目标定得非常高的同学，大二下学期，最晚大三上学期，开始强度不大的简单复习；底子比较好或者定的目标不是特别高的同学，大三下学期开始复习也是可以的。

同学们最早认识我基本上都是在大二下学期的5月份或者6月份。那个时候实际上我讲课的目的就是来向大家介绍考研的常识和基本知识，让大家在我快乐的课堂上了解考研，知道考研没有大家想象的那么难。不管怎么样，我都希望通过我的课让大家了解考研，知道怎么才能考研成功。实际上，你听我的课、看我的书都是你了解考研的一个过程。在大二下学期，你的学校或者你的学院都会开一些形式多样的考研经验交流会。这些都是你了解考研的机会。

有同学跟我说：虎哥，我就参加过这样的经验交流会，只不过河南那个地方比较注重学习，我参加这个交流会的时候才大一，当时学校给我们请了两个研一的学生给我们介绍考研经验。第一个大哥上去的时候说了一句话：“同学们，大家好，我是咱们学校研一的学生，我今年专业课150满分考了145分。”我和同学们一听，哇，好厉害啊，赶紧给予最最热烈的掌声。那大哥在前面都不好意思了：“别别别。”这个哥们儿红着脸说道：“后面那个大哥考了满分。”我倒吸一口凉气，我们瞬间都蒙了。交流会后，我们才知道，那两个哥们儿是本校的本科生考了本校的研究生。我们大一就知道考本校本专业的研究生专业课可以考高分。

这就是了解考研的过程。

而如果你底子不好的话，虎哥建议你在大三上学期看看英语单词什么的，看看《新概念英语》(此处不是广告，我个人觉得《新概念英语》是一套非常好的学习英语的教材)。数学就要看看书了，如果觉得看书看不懂，就跟着大一的新生一起听听数学课。假如你底子很好，大三的时候就轻松一些，可以查询一下你要考的专业大多数学校尤其是你想考的那些所谓的名校都考什么专业课。在大学期间，最重要的专业课都是在大三期间学习的。那个时候可以听老师把专业课全部讲一遍，省得第二年自己准备考研看专业课的书的时候觉得自己没学过这一科。如果从大三下学期开始复习，那也不晚，只不过可能你的复习进度要稍微紧凑一些。

但是这里我个人建议，如果你底子不好，觉得自己需要辅导班的话，一定要早点报名。报辅导班这件事，大二报都不早，因为确实像我所说的，早报辅导班，第一是价格便宜，第二是座位靠前，第三是还有礼品相赠。有的人说：虎哥，我大二报辅导班，主要的课都是大四上啊，为什么报辅导班这么早？至少早报辅导班，价格便宜，不是吗？不管你报哪个辅导机构，早报班都是最便宜的！当然，我希望你报我的班，你说呢？

(2)开始复习后，你要定院校定专业了

我个人建议考数学的同学最晚在大四上学期开学的时候定，最早在大

三下学期的5月份定。而不考数学的同学最晚是在大三暑假之前定下来。

原因在于，考数学的同学最关键的提分时间点就是在暑假。我的学生如果考数学，我一般不会建议他们在暑假前定院校，毕竟你数学复习成什么样在暑假前是不会太明朗的。如果暑假期间复习得比较好，完全可以考个好学校；如果暑假期间数学复习得不尽如人意，报考好的学校风险就显得比较大了。不考数学的同学因为要复习两科专业课（或者说叫300分的专业课），而不同学校对相同专业课的指定参考书又有非常大的差别，更恶心人的是，有的专业指定的参考书特别多，特别厚，所以不考数学的同学最好尽早确定学校和专业。

至于怎么选择学校、怎么选择专业，我在这本书的最后会讲到。选择院校和专业是非常复杂的事，大家当年在高考过后填报志愿的时候有没有这样的感觉？反正我当年抱着那本填报志愿的书的时候是既新奇又沮丧——新奇是因为我在那天才知道中国那么大，有好多地方我听都没听说过，好多学校的名字是如此奇特；沮丧之处在于，那么多专业，我不知道将来毕业都是干啥的。选择一定要慎重，毕竟考研报考只能报一个学校一个专业。后面我会讲具体的选择方法，大家一定要仔细看。

（3）关注自己目标院校目标专业的招生专业目录

各个学校会在招生考试报名之前，也就是你考研那一年的前一年的9月份陆陆续续发布自己的招生专业目录。

大家在自己目标院校的研究生院网站上都可以查到。在招生专业目录中，你能查到自己目标专业的招生人数、考试科目还有指定参考书。

指定参考书一般不会变化，除非你目标院校目标专业的学科带头人发生了重大变故，否则专业课指定参考书不会换。大家在考研的复习阶段初期可以查询当年的指定参考书，如果你想复习专业课，看当年的指定参考书就可以了。万一你考研那一年指定参考书突然换掉了，你也不要过度担心。每年都有同学在发现目标专业的指定参考书换掉后放弃原来的志愿，改考其他高校。我认为这个方法是非常不可取的，虽然你对新的考试内容和参考书都不是很熟悉，但是你的竞争对手跟你的感受是一样的。而且你换了学校也不会占据多大优势——你肯定比你新的竞争对手看专业课参考书看得晚，因为你刚刚决定考这个学校。

如果你的目标专业指定参考书实在找不到，你也可以问我。因为我的培训机构做公共课，也做考研专业课，所以各个学校的研究生基本上都有我认识的，也基本上都有我的学生，他们当年的指定参考书、他们看过什么书，基本上我都问过。

总结一下！各位同学在报名之前一定要定下来自己要考的学校和要考的专业，并且对这所学校和这个专业有全方位的了解，同时对于考试科目要深入地复习，这样你离考研成功就不是那么遥远了。

2. 报名

报名是考研过程中非常重要的一个环节。报名都报不上更别提后面的录取了。

这里面需要注意的是，大家一定要在考研预报名的第一天、第一时间去报名!

为什么要在第一时间去报名？因为考研报名的时候会填非常多的报考

信息，其中最重要的一个信息叫作“报考点”。什么是报考点？说白了就是你会在哪里考试。因为考研的人越来越多，经常会出现某个报考点报满的现象，所以请大家一定要尽早报名。越早报名，你就越有可能在自己熟悉的环境中、自己心仪的考点考试，否则真的会非常非常麻烦！

报名的时候大家要注意以下几件事：

（1）报名可以报几个志愿？

答案是一个志愿。

（2）密切关注你所在考试省份的报考点须知、目标院校的报考点选择须知和相应报考点的相关通知

首先，大家要明白一件事，考试不是你想在哪里考就在哪里考的。有的省份是你在哪里上学你就在哪里考试，有的省份是你往哪里考你就去哪里考试。而且原则上，应届毕业生必须在其学校所在地考试。

我们以陕西省为例，来解读一下报考点选择政策。参见《2024年全国硕士研究生招生考试在陕报名考生选择报考点须知》：

> 2024年陕西省全国硕士研究生招生考试网上报名共设44个报考点。各报考点对接收的考生范围均有严格限制，考生在选择报考点前，必须认真阅读该“报考点须知”、各招生单位和各报考点公告有关要求，以免选错报考点，贻误考试。
>
> 一、西安石油大学（6103）、西安工业大学（6105）、西安邮电

大学（6107）、西北工业大学（6112）、西安电子科技大学（6113）、陕西科技大学（6114）、西北农林科技大学（6115）、西安工程大学（6117）、西安科技大学（6118）、西北政法大学（6124）、西安外国语大学（6125）、长安大学（6133）、西安建筑科技大学（6134）、西安理工大学（6136）、西安财经大学（6139）、陕西中医药大学（6140）、陕西理工大学（6141）、延安大学（6143）、宝鸡文理学院（6144）、西安医学院（6145）、西京学院（6146）、榆林学院（6147）等22个考点接收考生范围为：

1. 本校应届本科毕业生；

2. 报考该校的省内非报考点院校应届本科毕业生；

3. 报考该校的在陕往届生；

4. 社会考生〔包括以下四类：①报考省外招生单位的在陕往届生；②报考省内科研院所（含中共陕西省委党校）的在陕往届生；③报考省外招生单位的省内非报考点院校的应届生；④报考省内科研院所（含中共陕西省委党校）的省内非报考点院校的应届生〕。

二、商洛学院（6148）、安康学院（6149）、西安培华学院（6150）、西安欧亚学院（6151）、西安翻译学院（6152）、西安交通大学城市学院（6153）、陕西学前师范学院（6154）、咸阳师范学院（6156）、渭南师范学院（6157）、西安思源学院（6159）、西安文理学院（6160）、西安航空学院（6161）等12个考点接收考生范围为：

1. 本校应届本科毕业生；

2. 社会考生〔包括以下四类：①报考省外招生单位的在陕往届生；②报考省内科研院所（含中共陕西省委党校）的在陕往届生；③报考省外招生单位的省内非报考点院校的应届生；④报考省内科研院所（含中共陕西省委党校）的省内非报考点院校的应届生〕。

三、西安交通大学（6111）、西北大学（6116）、陕西师范大学（6122）、西安美术学院（6127）、西安音乐学院（6128）、空军军医大学（6129）、空军工程大学（6130）、火箭军工程大学（6131）、西安体育学院（6138）、武警工程大学（6142）等10个考点接收考生范围为：

1. 本校应届本科毕业生；

2. 报考该校的省内非报考点院校应届本科毕业生；

3. 报考该校的在陕往届生。

四、省内非报考点院校的应届本科毕业生报考西北农林科技大学、延安大学、陕西理工大学、宝鸡文理学院、榆林学院的，也可在考生所在地市报考点报考。外省成人高校在陕教学点应届本科毕业生可在西京学院、西安交通大学城市学院报考点报考。在陕招生单位要求必须在本校考点考试的考生选择该报考点报考。

比如，你是社会考生，在陕西省工作，如果你想考西安交通大学，那么你除了要看上面的报考点须知，还要确认西安交通大学发布的“西安交通大学考点（代码6111）说明”：

西安交通大学报考点（报考点代码：6111）网上报名阶段有关事项公告如下：

1. 接受考生范围

（1）西安交通大学应届本科毕业生；

（2）报考西安交通大学的本省非报考点院校应届本科毕业生；

（3）报考西安交通大学的户籍在陕西或在陕西工作的往届毕业生。户籍在陕考生须出具户口本或户籍证明；非本省户籍考生但在陕工作的考生须上传本人近六个月的社保缴费成功记录图像（2023届毕业生提供近3个月的社保缴费成功记录图像）；

（4）报考西安交通大学的单独考试考生、强军计划考生和部分专业考生（美术与书法135600、设计135700）。

我校为非社会报考点，除以上考生外一律不受理其他考生报名。我校应届毕业生报考其他招生单位的考生应符合该招生单位规定的相关报考条件和要求。凡不按要求报考（如错选报考点等）导致无法确认信息的由考生本人承担。

很明显，西安交通大学考点除了自己的应届毕业生外，只有报考他们学校的考生才能选择。如果你想考哈尔滨工业大学，你就不能选择西安交通大学为报考点。

所以，大家一定要关注你所在考试省份的报考点须知、目标院校的报考点选择须知和相应报考点的相关通知。如果你网络报名失误，会给自己带来非常不必要的大麻烦。

（3）一定要仔细核对自己的个人信息与报名信息，发现错误及时纠正

常见的填报错误有手机号填写错误、身份证号填写错误、姓名填写错误等。这里大家犯错的机会不大，就不一一举例了。

（4）报考的时候注意所要填写的报考信息是否正确

报考的时候，大家要填写自己的目标院校、目标院系、目标专业，有的还需要填写方向和导师。

大家平时跟我聊天总是跟我说：虎哥，我想考某某学校的某某专业。

实际上这么说是不太准确的，因为有的学校在招收同一个专业的时候经常有不同院系在招生。实际上大家在选定目标的时候就应该注意这一点，因为不同院系考的专业课可能完全不一样。

北京大学的金融学专业就是一个非常好的例子。北京大学的金融学分四个学院招生，它的经济学院、光华管理学院、深圳研究生院、国家发展研究院分别进行金融学专业的招生。

同一学校同一专业不同院系招生的情况在其他专业还不是特别常见，但是在医学专业中非常普遍。学医的同学一定要注意这一点。

至于研究方向，有的学校需要填写，有的学校不需要填写。一般情况下，理、工、农、医等专业要求填写的可能性更大一些。文科类专业基本上不要求填写这个方向。即使填写了研究方向，也不代表你真的就要学这个方向，有的学校要求所填写方向即为报考方向，这是因为同一个专业不同方向考试难度差别比较大，或者考试科目要求差别比较大。大多数学校和专业要求你填写方向，只是作为兴趣的参考，就是想看看你想学哪个方向。所以大家报考的时候发现自己目标院校要求填写报考方向，一定要向自己目标院校目标专业的研究生或研招办仔细询问。

（5）一定要注意报名截止时间

有的同学就是这样，自己复习得特别投入，从准备考研的那天起就活在自己的世界里，每天早上五点起床，晚上十二点回宿舍，真正神龙见首不见尾。早上起床看不见，晚上睡觉前看不见，打个电话报告失踪后发现这人就在上自习。更过分的是，有的人上自习特别积极，但是用力过猛，导致每年都有考生忘记报名。虎哥真的见过这样的人。所以大家千万记住报名时间，对于大多数考生而言，考研机会一年只有一次。

（6）查询网报公告

什么是网报公告？在预报名开始之前，各省市都会发布网报公告；网报公告版块会集中说明省市招办、招生单位、报考点在网报期间报考的要求以及报名费等问题！

网报公告一般会在9月份发出来，大家打开中国研究生招生信息网，找到“硕士”一栏里的网报公告，在里面选择你想报考的省市、招生单位和报考点即可查询。

3. 网络（现场）确认

以前网络报名结束后，同学们要在11月中旬的时候进行现场确认。主要目的一个是让考生再确认一下自己的报名信息，如果发现错误及时纠正；还有一个是进行考生信息采集、拍准考证照片。但是现在很多省份已经取消了现场确认，改为网络确认，确认的时间由各个省份教育招生考试机构根据国家招生工作安排和本地区实际情况自行确认和公布。大家需要去自己考试点所在省份的教育厅或者教育考试院（或者教育考试中心）的网站进行查询。

4. 打印准考证

等你确认完了以后，你的选择就彻底改变不了了。你就好好学习，天天向上，向着你的目标大踏步前进吧。在考试之前还是有一件事你要记得做的：打印准考证。

一般情况下，打印准考证的时间是考研开考前的10天左右到考试结束当天。在研招网上有个准考证下载专区，你点进去，下载你的准考证电子版就可以了。

这里一定要提醒大家一件事，你们一定要多打印几张准考证，并且备份准考证电子版，因为怕丢。

几乎年年都会有考生在考研前一天甚至考研期间问我类似“打印的准考证丢失该怎么办？”这个问题。所以，多打印几张准考证是没什么坏处的，不是吗？而且准考证不但在考前要用到，考试后也要用到。什么时候呢？复试！复试是要带准考证的。大家考试后一定要保管好自己的准考证。

打印准考证前，你要将准考证下载到U盘中，然后带着U盘去打印店将准考证打印出来。这个存储有你准考证的U盘，大家一定要保管好。去年，有一个同学即将参加复试的时候发现自己的准考证不见了。而在复试的时候，研招网已经不提供下载准考证这项服务了，那位同学像疯了一样给我打电话。我让她别着急，找找当时用于打印准考证的U盘。还好，她将自己的准考证下载到同宿舍同学的U盘中，幸运的是，那个同学并未删除她的电子版准考证。

说到准考证，就再说说另外一个大家考试要带的证件——身份证吧。

几年前，有一个考生，户口在安徽，人在新疆。他在考前出门散心时，不小心将身份证遗失。丢了身份证，他整个人完全处于慌乱的状态。丢过身份证的人都知道补办身份证的程序，按当时的规定，这位同学的户口在家，入学的时候并没有办理户口迁移手续，他只能在户口所在地补办身份证。按照当时的情况，补办已经来不及了。这个学生要找自己的辅导员开证明，联系不上辅导员。这个学生非常着急，几乎使出了能想出的所有办法。最后在考试前，他找到自己的院系领导，由院系领导开了个签字证明，并且由辅导员亲自带领进入考场，这才得以考试。我说这件事是想告诉大家，在考前一定要做好充足的准备。身份证这种东西的重要性不言而喻，大家一定要慎重保管。

5. 说说考试前两天晚上的那些事

不知道大家高考前一天晚上是怎么过来的。当然，有的人很会调节自己的心情，有的人就不太会。每年都会有同学在考试前一天晚上给我发信息或者打电话，总之就是异常紧张。还有的人跟我说当年高考毁就毁在自己考前心理调整不当。下面我就说说如何度过考前这难熬的一夜。

首先就是生物钟的调整。

大家在考前一个月左右最好将生物钟调整成你考试所需要的。当然，这一点对大多数同学来说没有难度，但是对有些人来说可能就不太适应，虎哥就是不适应的那种人。我这个人不太喜欢早起。包括我的家人、我的助手，我公司里的大多数人都知道我有赖床的习惯。我比较喜欢晚睡，也喜欢在晚上做我喜欢做的事情。大家看到的这本书的全部内容都是我在凌晨十二点到清晨六点完成的。因为凌晨过后没有人打扰我，我觉得比较安静。相信有很多同学跟我一样，喜欢晚上学习，上午睡觉。可要是这样的话，可能你在上午考试的时候就要犯迷糊了。所以，调整生物钟是你首要做的事情。

另外，在考试前一天，晚上干的最重要的事情就是背诵政治大题的考点。采取各种方式方法背！这里不说了。

最后，考试前一天晚上一定要放松心态。实际上考研只是你人生道路上的一次考试而已，考上了当然好，考不上，人生还是要继续的。有的人跟我说，考不上，他的人生就完了。我觉得考研的意义远没有那么大，刚开始准备的时候，各位同学就要放平心态。日子有很多种过法，考上有考上的过法，考不上有考不上的过法。那些没有考研的同学到了社会上也没有饿死不是吗？考研不是一场攸关生死存亡的考试!

每年考研前都有人在网上跟我聊天。

有的同学说：虎哥，我要是考不上，我女朋友就不要我了。你要知道，真正爱你的人不会在乎你是不是研究生，他在乎的是你是否开心快乐。是你的就是你的，不是你的，你考上研究生，他也会跟你分手。

有的同学说：虎哥，我考不上，我家人和朋友都会很失望。你要知道，父母是真正爱你的人，当你面对任何困难的时候，实际上你的家人都是你的坚强后盾。他们不是真的对你失望，真的会放弃你，他们只是想让你有更好的发展。

有的同学说：虎哥，我考不上，在社会上就不会得到别人的认可。实际上，你要知道，重要的是你要认可你自己，你要对自己的未来负责。考上研究生只是说明你有这么一条捷径去获得你要的东西，考不上，你可以在工作中努力，甚至费点劲，但是最后到达与读研同一个终点也不是不可能。

总之，放开那些思想上的包袱。人家在社会上混得好，你也可以；别人考得上，你照样能考得上。实在不行，毕业了跟着虎哥混，咱不跟你说你跟我混能混得多好，但是，你如果看得起我，想通过自己的努力混口饭吃，虽然辛苦点，但我保证你也能够得到你想要的。

这下心安了吧？

考上了，虎哥祝你前程似锦。

考不上，实在不行就来找我，只要你不偷懒，我保证你饿不死。

加油吧，哥们儿！我相信你能行。

6. 考试

再次罗列下考试时间及科目安排：

第一天

8：30—11：30　政治

14：00—17：00　外国语

第二天

8：30—11：30　业务课一

14：00—17：00　业务课二（注：超过3小时的考试科目在第三天进行。）

说到考试，虎哥先在这里要求大家：一定要考完，别考着考着人就不见了。

实际上很多人都坚持不下来四科考试。政治考试中，就有很多人认为自己考不上，直接放弃了。考英语的人跟考政治的人情况差不多。考完英语后，又会有一批人放弃考试。考到第四科走出考场的都是英雄。尤其是英语考试，不要认为自己考得不怎么样，大多数题都不会就直接放弃，英语的分数线本身并不高，偶然过线的人很多，说不定你就是其中一个。做事情最好有始有终，我非常看不起那些考着考着就直接放弃的人。如果你觉得你坚持不下来，你最好别决定考研。看到这里，最后考试期间还逃跑的，别说你是我的学生，别说你看过这本书，不够丢人的！

我想告诉你的是这两天你该如何度过。

考政治的那天上午最好早起，重新看看政治的大题考点。尽量不要看选择题了，选择题是越看越慌，如果你看选择题的时候中间有不会的或者做错的，会对你的心理造成很大的影响，所以在考政治之前只看大题，能看多少看多少。考试期间，如果发现政治大题的考点是自己在复习的时候疏漏的，尽量想一想在上辅导班的时候老师讲这一块的时候是怎么讲的。这就需要你在复习政治的时候最好把每一考试部分的知识模块化——你背的考到了，你该怎么写；你没背到的东西考到了，你最好把附近的知识点一股脑儿地用你自己的语言串联下来，写出来。

在考完政治后，我相当不建议你去睡午觉，当然也不是绝对不要睡午觉。确实有的人不睡午觉下午会犯困。但是我觉得这么紧张的考试你都能睡着，你确实很厉害。我的建议是，在考完政治之后，一定要反复背诵自己的考研英语写作模板，并且找到一张纸，将自己背诵的模板找辅导老师最后在作文点题班点出的可能会考的一两个话题进行套话，只需要套第一段就可以了。这样在考场上你的作文起码不会出现很大的问题。如果时间充足，也可以找到你比较熟悉的历年考研阅读理解真题去读一下，找到那种考英语的状态。

在第一天考试结束后，我相当不建议大家跑到网上去对照答案。第一，如果你做的所谓的都对了，不会对你第二天的考试有任何的影响——因为你第二天考试的科目复习成什么样跟你第一天的科目考成什么样没什么直接联系。第二，如果你做的跟答案相差比较大，很有可能会影响你后面考试时的心情。第三，你查到的那些答案实际上是各个辅导机构老师自己做出来的，说句不好听的话，可能准确率存在一定的误差，尤其是政治大题和英语作文，可能跟你自己预想的有较大差别。

那你第一天考完后的那个晚上应该干什么呢？

当然是看第二天要考的科目。

考数学的同学，你首先要做的事情就是把你曾经做错的十年真题中的内容好好看一看，不但要看这些题，还要看这些题相关的知识点。专业课方面，理工类和经管类的专业课题目重复率非常高，一定要看看近五年的真题，再把你反复做过的这几年的真题拿出来好好看一看。

考文科类的同学，主要就是看专业课。文科类的专业课有一个特点，就是去年和前年考过的知识点，在后面的考试中出现的概率不是特别大。某一个名词解释或者知识点不太可能两年之内连续考，所以大家在最后的时间一定要看一看同样等级的知识点。尤其是那些同一等级的但是近几年没怎么考过的知识点，抓紧最后的时间背一背。像有的考查写作能力的专业，也一定要再提笔写一写。

第二天，大家不管怎么样，一定要早点起床，进行考前最后的冲刺。

中午休息那两个半小时，我仍然不建议大家睡觉。马上考最后一科了，抓住最后的时间去看看可能出现的考点。考试结束后有的是时间去休息。

从考场出来后，就不要想着考研的事情了，回家跟父母好好过一个春节。我特别喜欢一句话："Family is everything！"到了家给家人一个大大的拥抱，感谢他们对你的支持！

7. 出成绩

在你回家过年的这段日子里，你的考试卷子经历了这样一个过程——它们被收上去后，经过分类装订，国家统考的科目（包括政治、英语、数学，还有一些统考的专业课）会发放到你所报考院校所在省份的教育考试院进行判卷。国家非统考科目，比如你的目标院校出题的专业课试卷将会发到你目标院校，由专业课的老师来阅卷。国家统考科目中的选择题是机读答题卡的。（有的老师说，假如你的单项选择题所有选项都是一样的，会被直接记为作弊。事实上不是这样的。）而主观题则由老师来进行阅卷，一般情况下，某一个老师只进行某一题的阅卷工作，而不是一个老师来判你整张卷子。最后会有专人将你的分数相加，得出你最后的总分。

结果就是，有的地方成绩出来得早，有的地方成绩出来得晚。最后，你的成绩千呼万唤始出来了。

事实上，各位同学的成绩并不是同时发布的。你会发现有的人成绩出得早，有的人成绩出得就比较晚。一般情况下，大家可以在两个地方查到自己的成绩，一个是自己报考单位所在省份的教育考试院网站，另外一个地方就是你自己目标院校的研究生院网站。

如果你查询成绩的时候觉得自己的成绩跟自己的预想差距比较大，怎么办？比如你觉得你的某一科考得不错，应该能考到60分以上，结果查到成绩的时候发现自己才考了不到20分，你怎么想都觉得有问题。那么跟高考一样，有个过程叫作复核成绩。要复核你的统考科目课程成绩，要到你目标院校所在省份的教育考试院网站提出申请；要复核你的专业课成绩，要到你的目标院校的研究生院网站申请复核成绩。确实有的同学的成绩因为各种原因出现较大误差。虎哥认识一个同学，属于那种连年奋战的人，他第一年的考试成绩因为核分出现失误，英语少了10分，数学少了20分，但这个差距不足以让他考上研究生。第二年他再次参加考试，结果成绩又出了问题。在考试中确实有这种倒霉孩子存在，但是，还有更倒霉的。

2012年考研出了这么一件事：一个山东的考生报考西安的学校，在查询成绩的时候惊讶地发现，自己的政治成绩居然是-1分。是的，你没有看错，他的成绩是负数。当时这件事在社会上掀起了轩然大波。大家都觉得，考试怎么会出现倒扣分的情况呢？实际情况是不管是在考研还是在其他各项考试中，这种奇怪的分数都是很常见的。

我们以考研为例。0分是可以有的。一般有两种情况会是0分，要么你写的所有答案都是错的，要么你干脆交了白卷。其实我个人觉得试卷真的是自己做的，所有的答案都是错的，这种人也很厉害。最起码人家没蒙！这两种情况都是存在的，我也都见识过。

而-1分也是有两种考法。一种是缺考，也就是没去考试。你在考试的时候看到那些没有去的考生，他那一科的成绩都会被记为-1分。而第二种考法是考卷在运输过程当中丢失。后来在调查的过程中发现，这个考生就属于第二种情况。-2分也有，不过不常见，这种情况叫作考试期间考生违纪。-3分的情况就比较严重了，这是考试期间考生作弊。

注意，违纪和作弊在考试期间是两个概念，也是两种不同的处理办法，比如你考试期间携带通信设备进入考场，这叫作违纪。有一年，我有个学生就是这样，他在考试期间携带手机进入考场，按理来说，在进入考场的时候应该有所察觉，但是不知道什么原因，这个姑娘就把手机带进去了。据她自己后来跟我说，是因为手机闹钟的铃声将监考老师吸引过去了。但是在手机中并没有其他的跟考试有关的信息。老师执意要给她记作弊，然后这个女生就使出了女人常用的撒手锏——大哭不止！说她手机里面没有任何跟考试有关的东西，凭什么被记作弊。监考老师当时就蒙圈了，说：

你别哭，我不记作弊了，我记你考场违纪，行吗？考场违纪的处理办法是取消考生这一科的考试资格，这就是-2分。而作弊以前是取消该考生三年报考资格。现在则要严重得多，根据中国的刑法，在考研中作弊是要判刑的！作弊属于违法行为。

8. 公布分数线

每年成绩发布后，不管是我的电话还是我的其他社交媒体，都会收到各种咨询的电话，咨询的问题几乎只有一个——虎哥，我这个分能进复试吗？我的答案都是，请等分数线。

前面我说过分数线有三条：国家线、目标院校目标专业的复试分数线和34所自主划线院校的分数线。

其中，34所自主划线院校会率先公布自己的复试分数线。最晚在3月10日之前，报考34所自主划线院校的同学都会知道自己到底能不能参加复试了。而国家线公布的时间近几年也在提前，现在国家线是在3月10日左右出来的。而各个学校会根据自己各个专业的生源考试情况在国家线公布的一周之内公布自己各个专业的最后复试分数线。

说实话，出了分数线，考生基本上分成了三类：死心的、欢心的，还有就是虐心的。

死心的同学就是那些没有过复试分数线，只能调剂或者直接宣告自己考研失败的同学。欢心的自然是那些能够进入复试的同学。虐心的就是自己因为某一科表现不尽如人意，得分仅仅跟复试分数线差一分的同学。虐心的同学并不死心，每年都有人问我：虎哥，我就差一分，难道目标院校真的就死活不要我吗？答案是不一定！

在实际录取的过程中，有两种方式不过线仍然会被录取的：一种是破格复试；一种是总分补差。

破格复试是对初试公共科目成绩略低于全国初试成绩，但专业科目成绩特别优异或在科研创新方面具有突出表现的考生，可允许其破格参加第一志愿报考单位第一志愿专业复试（简称“破格复试”）。

国家要求破格复试应优先考虑基础学科、艰苦专业以及国家急需但生源相对不足的学科、专业。对一志愿合格生源不足的专业，招生单位要积极做好调剂工作，不得单纯为完成招生计划或保护一志愿生源而降低标准进行破格复试。合格生源（含调剂生源）充足的招生专业一般不再进行破格复试。破格复试考生不得调剂。

总分补差是将考生的总分以一定比例去抵扣缺少的那门科目，抵扣之后的分数还能超过复试线就可以参加复试。基本上都是以20分和5分抵扣一分，即：若单科低1分，总分相应要高20分以上，单科低2分，总分相应要高25分以上，以此类推，但单科不得低于5分。

举个例子，如果复试分数是350分，你考了395分，但是英语差1分过线，那你能以（395-20=375分）的成绩进入复试；如果英语差2分过线，你就是以（395-20-5=370分）的成绩进入复试。

你明白了吗？但是这两种方式其实都不容易，如果你想通过破格录取或总分补差的方式读研，那么你得满足以下要求：

① 专业特别好，不仅是专业课分数高，而且得有科研成绩，有发表的论文或者国家级比赛的奖项等。

② 报考的专业是艰苦专业或者是国家急需的专业。

③ 考研总分足够高，至少比复试线高30分以上。

④ 没过线的单科不能太差。

所以，我要是你，我就好好复习，争取别出现这种状况。

9. 复试

出了分数线就知道自己能不能去复试了。

那具体什么时候复试呢？同样，不同学校不一样。

一般34所自主划线院校的复试时间会比较早，接着是211工程大学和一些生源质量非常好的非211工程大学。最晚在5月1日之前，所有学校所有专业复试工作结束。

这里我再次强调一下复试的重要性。现在很多学校的复试权重已经占到了整个考试的50%，所以请大家一定要提早准备！提早准备！提早准备！

10. 调剂

说实话，我真的不希望你们通过调剂去上研究生。

如果你没有通过你目标院校的复试分数线，或者你的复试没有通过，你还想上研究生，那么你只能去调剂了。

（1）你若想调剂，首先你得具备调剂资格

一般情况下，你得同时满足三个条件才能去试图调剂。

条件一：你没有被录取。

有人说，虎哥，你这不是废话吗？如果我被录取了，我还调剂什么啊。

这可不一定。

还记得我说过的那个452分考到河北大学的哥们儿吗？当年这个哥们儿悔得肠子都青了。当年他百般无聊的时候发现很多比他第一志愿好的学校居然还有调剂名额，他当时就给我打电话问我能不能放弃自己的第一志愿，调剂去他认为更好的学校。答案当然是不行的。这个做法叫作见异思迁，不管是你的第一志愿院校还是你的目标调剂院校，都不会允许这种情况发生。

条件二：你的总分和单科成绩必须通过你要调剂的学校所在区域的国家线。

每年都有同学问我这样一个问题：是不是A类考生如果考不上目标院校，只能调剂到二区的学校？不是的，只要你的分数通过了国家A类考生的分数线，你是可以调剂到一区的学校的。

比如2023年学术型研究生经济学A类考生的总分国家线是346分，英语单科的分数线是48分，经济学B类考生总分国家线是336分，英语单科分数线是45分。假如你的总分考了351分，英语考了49分，其他各科也通过了国家线，那么你就可以调剂到一区的学校。但是假如你的总分考了380分，英语只考了43分，那么你总分再高，你也只能调剂到二区的学校。假如你总分考了380分，英语只考了30分，不好意思，你的考研以失败告终。

所以，只要你的总分和单科都过了国家线，理论上来说你就有机会读

研究生。

条件三：你欲调剂的学校在你所能报考的专业中有调剂名额。

如果你没有被你的第一志愿院校录取，你的总分再高，单科分数再高，只要你想调剂的学校没有调剂名额，你就没有办法被录取。

比如，你是学经济学的，2023年考研第一志愿报考中央财经大学金融学专业，你总分考了383分，而且英语考了65分，你没有考上中央财经大学金融学，但是你发现中国人民大学的复试分数线是380分，你能不能调剂到中国人民大学？不可以！因为人家不缺生源。

你首先得知道调剂名额是怎样产生的。比如，某一个高校某一个专业计划招生人数是50人，但是实际当年通过国家线的人数是40人，这个时候就产生了10个调剂名额。但是某校计划招生人数是50人，通过国家线的人数是100人，此时这所学校不缺生源，这个时候就不需要调剂生。各位明白？

有的人说调剂就是你没有考上你目标院校的研究生，被调剂到别的学校去读研究生。而实际上，调剂不止这一种情况。

（2）调剂分校内调剂和校外调剂

校内调剂就是你虽然没有被你这个学校的目标专业目标方向的老师录取，但是你可以上这个专业别的老师的研究生或者你所报考专业的相关专业的研究生。而校外调剂就是我上面说的那一种了，直接换个学校。

对于想校内调剂的同学，你一定要关注你目标院校目标专业所在的学院或者你目标院校其他学院出台的校内调剂相关政策，及时地报名相关专业或者方向的校内调剂，及时地联系要招收校内调剂生的老师或者学院。

校内调剂争的就是看谁又快又准！

而有意于校外调剂的同学也是要了解你这个专业可能出现调剂名额的学校的相关通知。你有心仪的调剂院校的时候，就主动出击，打电话问，不要傻等到网上出缺额数。调剂这件事，打的是信息战、速度战，一定要多渠道搜集调剂信息！

（3）你如何第一时间知道哪一个学校在你这个专业上招收调剂生呢？

第一步

你应该查到哪一个学校在招收你所报考的专业或者你所报考专业的相关专业。这一点实际上在中国研究生招生信息网上就可以查询到。

需要注意的是《全国硕士研究生招生工作管理规定》可能会对某些专业的调剂有特殊要求，例如《2024年全国硕士研究生招生工作管理规定》中对第一志愿报考以下专业（或专项计划）的学生提出了调剂要求：

> （一）报考照顾专业（指工学照顾专业、中医学、中西医结合、中医硕士、体育学、体育硕士，教育部将根据国家战略需要、社会发展需求、考生报考情况等因素适时调整，下同）的考生若调剂出本类照顾专业，其初试成绩必须达到调入地区该照顾专业所在学科门类的全国初试成绩基本要求。
>
> 报考非照顾专业的考生若调入照顾专业，其初试成绩必须符合调入地区对应的非照顾专业所在学科门类的全国初试成绩基本要求。
>
> 工学照顾专业之间，中医学、中西医结合与中医硕士之间，体育学与体育硕士之间调剂，按本类照顾专业全国初试成绩基本要求执行。
>
> （二）报考工商管理、公共管理、旅游管理、工程管理、会计、图

书情报、审计专业学位硕士的考生，在满足调入专业报考条件且初试成绩同时符合调出专业和调入专业在调入地区的全国初试成绩基本要求的基础上，可申请相互调剂，但不得调入其他专业；报考其他专业的考生不得调入以上专业。

（三）报考“退役大学生士兵”专项计划的考生，申请调剂到普通计划，其初试成绩须达到调入地区相关专业所在学科门类的全国初试成绩基本要求。符合条件的，可按规定享受退役大学生士兵初试加分政策。

报考普通计划的考生，若符合“退役大学生士兵”专项计划报考条件，可申请调剂到该专项计划，其初试成绩须符合相关招生单位确定的接受“退役大学生士兵”专项计划考生调剂的初试成绩要求。对于“退役大学生士兵”专项计划和普通计划之间的调剂，招生单位须严格按照调剂程序和要求组织，不得直接改变考生志愿、调整计划类型进行复试录取。

（四）招生单位自主确定并公布本单位接受报考其他单位临床医学类专业学位硕士研究生调剂的成绩要求。教育部划定临床医学类专业学位硕士研究生初试成绩基本要求作为报考临床医学类专业学位硕士研究生的考生调剂到其他专业的基本成绩要求。

报考临床医学类专业学位硕士研究生的考生可按相关政策调剂到其他专业，报考其他专业（含医学学术学位）的考生不可调剂到临床医学类专业学位。

（五）报考法律（非法学）专业学位硕士的考生不得调入其他专业，其他专业的考生也不得调入该专业。

（六）报考“少数民族高层次骨干人才计划”的考生不得调剂到该计划以外录取；未报考的不得调剂入该计划录取。

（七）参加单独考试（含强军计划、援藏计划）的考生不得调剂。

第二步

重点关注五类高校的研究生院网站：

第一类，地处偏远地区的学校。比如二区招生单位的那10个省份，实际上那10个省份的大多数院校和专业是招不满的。

第二类，学校地点不在省会的学校，比如齐齐哈尔大学、延边大学、浙江师范大学、江西理工大学等。学校不在省会，很多同学都不太愿意报考，这种学校的生源一般都不是很多，容易出现调剂名额。

第三类，通过学校的名字根本就不知道这个学校在哪儿的学校，比如北华大学（吉林省吉林市）、东华理工大学（江西抚州）。实际上有的人都不敢报这种学校，这种学校也非常容易出现调剂名额。

第四类，大家不太了解的科研院所或者各地的社科院，有些地方的党校也有研究生招生资格。

第五类，在省会但是非“211工程”、非“双一流”的高校。

还要关注一下你想调剂的学校和你这个专业所在学院的研究生院网站。通常情况下，当你这个专业有调剂信息的时候，这两个网站是第一时间发布信息的。你可以抽出一个下午的时间把这些网站设置在你电脑里面的网页收藏夹里，每天早上和中午你一个一个地点，理论上你会首先获取调剂信息。

第三步

如果你嫌一个个点太麻烦，想重点关注有调剂名额、希望比较大的学校的话，那么你就要上一个神一样的网站了——百度。请在百度搜索栏中搜寻“某某高校调剂信息”的字样。比如你考的是结构力学专业。有个学校叫作广州大学，其土木工程类专业还不错，你想知道这个学校会不会有调剂名额，那么你要在百度搜索栏中搜索广州大学调剂信息，你会搜索到它过去几年的调剂信息。你看看它往年的调剂信息当中有没有你的专业。如果往年你这个专业都有调剂名额，你就重点关注这个学校。因为这个学校在这个专业中年年招不满的话，你报考那一年它招满的可能性也不大。只要某一个高校在你这个专业上有过招收调剂生的经历，你就要重点关注这个学校。

调剂的流程理论上是要通过中国研究生招生信息网的，具体的流程和注意事项在中国研究生招生信息网上也有相关的文章。那是官方网站，我在这里就不一一赘述了。

我想说的是，实际在调剂过程中，有很多学校是先进行调剂后到研招网上走过场的。因为很多学校历史上某一个专业就从来没有招满过，或者在阅卷结束后发现，根据去年的国家线情况来看，今年的生源肯定会出现不足的情况，这个学校就有可能会出台一项预调剂政策。这主要是吸引那些报考名校、分数也不低但是肯定没有机会参加第一志愿院校复试的同学。所以大家看到有的高校有预调剂通知，并且觉得自己的分数参加第一志愿院校复试的可能性很小的情况下，也可以关注一下预调剂的学校的相关通知。

第六章

考研到底该如何选择学校和专业？

中国研究生招生单位一共有800多个，其中有一半是学校、一半是科研院所，研究生招生专业分成了14个学科门类，100多个一级学科，500多个二级学科。同学们选择的范围非常广。我每次问大家想考什么学校什么专业，要么给我的答案是不知道，要么就说得斩钉截铁。比如，我说：同学，你学土木的，你想考哪里？同学就跟我说：同济。我说：为啥考同济？他就说：因为同济土木牛啊。同济土木当然牛，但前提是你得考得上啊。还有很多同学就死盯住所谓的“211”“985”高校，最可怕的是，很多人在定院校和专业的时候根本就不看这个学校这个专业的招生情况，有的学校只招收一个人……

我前面就说过，选择比努力更重要。那么如何正确地选择呢？这里就要给大家拿出来我压箱底的东西了，就是5+2——五个问题加两个参数。我可以说，不管你平时爱不爱学习、你的底子怎么样，只要用这个办法去选择学校、选择专业，你最后都会考上不错的研究生。我为我的辅导班学员选择学校和专业时都是这么选的！那么你报了我的辅导班，我来帮你选；你没有报辅导班的话，你自己用这个办法去选。

那我们要问自己哪五个问题、哪两个参数呢？

我们继续往下看。

1. 问题一：你能考什么专业？

同学，你能考什么专业？

每当问到大家这个问题的时候，大家一般会给我两个答案。有的人回答我：不知道啊。我说：你想考什么专业？不知道啊！你将来想干什么行业？不知道啊！我说你为啥考研？不知道啊……

人家是十万个“为什么”，他是十万个“不知道”！

这种回答“不知道”的同学，基本上可以判断，他很有可能不想考本专业，对，有可能要跨专业考研了。

每年都有很多同学不喜欢自己的本科专业，一直在纠结到底要不要跨专业考研。大多数人想跨不敢跨，最主要的原因就是担心跨专业太难了。实际上你只要不违反跨专业的原则，其实跨专业考研的成功率是很高的。

（1）跨专业考研的原则

咱们中国可以把所有专业分成两大类：一大类是自然科学学科，另一大类是社会人文学科。自然科学学科是指所学专业属于理、工、农、医这四大类，实际上学这些专业的都属于自然科学学科类的同学，如果你是学其他专业的同学，你就属于社会人文学科类的。

大家注意，跨专业考研的原则就是，自然科学学科跨社会人文学科没问题，社会人文学科跨自然科学学科不可能，自然科学学科跨自然科学学科看情况，社会人文学科跨社会人文学科大多数情况是可以的！

举个例子，有这么一位同学，学了土木专业之后发现自己骨子里居然是个文艺青年，他想考中文专业，行不行？可以！说他不想学土木了想跨金融，行不行？也可以。不想学土木了，想学历史，行不行？当然也可以！但是反过来行吗？比如学历史的改学土木，行吗？绝对不行！学中文的想考机械，行吗？也不行！学教育学的，想考计算机专业，难度那是相当大！

为什么会这样呢？因为你们会发现，社会人文学科的专业课比较偏向于背，学这个专业的能背，不是学这个专业的也能背，说不定你背得不如我。但是理工类的专业课不是背就可以的，是比较偏理解的，而且你看着这个专业考的是一门专业课，其实背后是很多门。比如很多学校土木工程专业专业课考试的时候考的是结构力学，如果你觉得把结构力学这本书看看就能考上，那你就错了，因为结构力学前面有个专业初级课，叫作工程力学，工程力学前面有个专业基础课叫作大学物理，你看这是一门，其实是三门。所以这种从社会人文学科跨专业考自然科学学科的难度极大，几乎就是不可能的。实际成功的案例也比较少。

如果自然科学学科跨专业考自然科学学科呢？这个就要看情况了。比如说如果你是学机械的，想考土木工程，行不行？难度很大！考计算机呢？难度也不小！考数学专业呢？其实可能性也不大！那跨专业考什么可能性大呢？学机械的跨专业考自动化专业（控制科学与工程），也可以考航空类的专业。为什么呢？因为前面我说过，理工类专业因为专业课比较难，自学成功的可能性非常小，所以要跨专业的话最好是你要跨的那个专业你本科阶段学过。如果你要跨的专业的考试专业课你学过，那么你考这个就很有希望，否则就很难。

而文科类专业之间相互跨的话难度不会很大，背什么都是背。背教育学的专业课觉得有点麻烦，那你可以背法律去，都行的。

（2）所谓的本专业

而每当我问到“你能考什么专业”的时候，大多数的同学都会回答我：本专业。我问啥叫本专业啊。同学就说学啥的考啥呗——我学金融的考金融，学计算机的考计算机，学土木的考土木，学历史的考历史呗。同学，你要知道你所谓的这些本科专业其实一般都是一级学科，而我们考研的时候要报考的专业名称，很多学校都是按照二级学科来招生的。

详情参见一级、二级学科招生专业及代码。（见附录7、附录8。）

大家会发现，在一级学科里其实很多都是本科专业的名字。你可以简单地理解为你们学院的名字就是一级学科，它是个大专业。大家发现我们在本科阶段上的专业课有什么特点？你是不是感觉你学的专业课特别多，特别杂，又特别浅，毕了业似乎什么都能干，但是似乎啥都干不了啊？而研究生就不一样了，会将我们的本科专业进行细分，而这个细分的专业就是二级学科。而大多数院校在研究生招生的时候是按照二级学科招生的！大家一定要将自己的专业对应着看一看，看你能考哪些二级学科。同一个一级学科下的二级学科在同一个学校考的专业课其实基本上是一模一样的。

比如教育学，你看它下面分了15个二级学科，假如你要考北京师范大学的教育学专业，不管你考的是教育学原理、教育史还是其他任何一个专业，你会发现它们考的专业课一模一样。

所以，其实你这个专业对应的二级学科你都可以考。

除了学术型研究生，千万别忘了，你还有专业硕士可以选择。

（3）关于不考数学的专业

每年很多同学在咨询的时候都会问这样一个问题：张老师，我这个人数学不好，有什么专业不考数学吗？其实不考数学的专业有很多种，我在这儿就给大家讲一讲那些不考数学的专业。

所谓的冷门专业

什么叫所谓的冷门专业呢？就是传说中大家不太想考的专业，主要就是哲学、政治学和历史学。

其实并不是这些专业真的不好，而是目前来讲，这些专业就业面确实相对比较窄。比如哲学，从这个专业的就业角度讲，你说你能干啥去？去高校当老师还得考博士，你说你拿你这个专业去就业，企业一般也用不上啊。你说一个老板找个学哲学的干吗？让你给讲点哲学原理？可能性不大。

那么这种专业是否值得考呢？其实我觉得是可以考虑的。你在报考这种专业的时候一定要考个所谓的名校，要么就是学校特别有名，要么就是在当地比较厉害。你们还记得我前面说过的就业对口率吗？你学这种专业将来不一定干这个。如果你考了这种专业，其实就应该做好将来不干这种专业的准备，一定要在上研究生期间积极参加社会实践，在这个牛气学校里通过各种渠道多认识一些牛人。只要你做好了充分的准备，这种专业就不一定不如那些所谓的热门专业。

所谓的“小冷门专业”

什么叫小冷门呢？就是名字叫起来比较好听，其实就业前景很一般的专业。这里说的其实就是教育学。

其实教育学整体的就业情况跟大多数的热门专业还是有一定的差距的。大多数学教育学专业的人，要么考博士去当大学老师，要么直接去高校做辅导员，要么考了教育部门的公务员，去一些教育辅导机构做相应的初级管理工作岗位，要么转行了。

这个专业同样兼备社会人文学科专业的特点，就是就业对口率比较低。学这个的不干这个，所以考了教育学研究生的同学，跟哲学、政治学和历史学专业的同学一样，在上研究生期间一定要做好充分的准备——可能不干本专业。

这里面有必要说的就是教育学中的一个热门专业，就是学前教育学。教育学中那么多二级学科，最难考的就是这个学前教育学专业。难考的原因只有一个，就是这个专业在本科阶段开设了本科专业，因为大多数同学在考研前有一个想法就是，我要考我的本专业，我不能跨专业，跨专业太难。我学学前教育学的，我就要考学前教育。而中国什么大学最多？师范大学是最多的，几乎每个地级市都有师范类院校，而只要是师范类院校，几乎都有学前教育学的本科生，而教育学其他二级学科报考的人数也好，复试分数线也好，都要比学前教育学低很多，并且这种状况很难改变。有的人说：张老师，你这书里都写了，谁还考学前教育啊？但是你要知道，考研的考生有几百万，买这本书的可能不到5万人，你觉得改变得了吗？

所谓有专业技能的不考数学的专业

这里指医学、法律类专业、心理学。

医学是不准跨专业报考的，本科不是学医学的别想了！医学专业跨别的专业有可能，别的专业跨医学不是很难，而是根本不可能！

对于法律类专业，大家要注意的是，本科专业为非法学专业的，如果你要考法律类研究生，你的竞争对手大都是本科学了四年法律的人，难度可想而知，但是不代表不可能（本人亲眼见过山东工商大学某思想政治教育专业的学生报考中国政法大学国际法并且考上了，而他们学校学法学的都没有考上，他一个非法学的同学居然考上了）！

法学专业在中国各种大学排行榜中有两个是排第一的：一个是就业对

口率，另外一个是就业率。其实我个人觉得就业对口率低的不一定真是法学类专业，我说过很多遍了，其实社会人文学科就业对口率都不是特别高。另外一个就业率低，我就不知道中国的大学就业率是怎么算出来的。但是这两点也充分说明了这个专业的尴尬之处。

这个专业学出来有没有用？当然有用，一个懂法律的人和不懂法律的人肯定对一些行为有自己的理解，懂法律的人会知道什么事情从法律的层面讲意味着什么，更能用法律保护自己和家人。但是这个专业在实际就业的时候出现了非常严重的两极分化：牛的是真牛，一个上市公司的法律相关文件和合同的准备金额就非常大；不行的是真不行，在社会的底层太多的律师入不敷出，看不见这种日子啥时候是个头。你们看到的电视剧中那些律师形象其实反映的都是高层的律师，人前无比风光，好车好房，其实这样的律师代表不了整个行业。

而心理学作为所谓的新兴行业、所谓的未来高薪行业，目前国内没有看到比较好的发展前景。这个专业在中国的发展确实跟中国的经济发展速度不是一个频率。学术界总有一个说法，在欧美发达国家，多少个人有一个心理咨询师，而在国内，这个比例过低，存在多少人才缺口。事实是，在中国，大多数人的心理问题是没时间没机会也没有钱去看心理医生的。你就想，一个人没有钱买房，没有钱看病，没有钱娶媳妇，他有钱去看心理医生，那么我觉得这个人就是真有病了！

所以大家对待这种所谓的热门专业一定要提前了解一下这个学校这个专业研究生的就业率，因为归根结底你还是要去就业的，最起码要养活自己的。尽量不要说我对心理学感兴趣什么的，我对心理学也感兴趣，但是这种专业考研难度大，就业又一般。大家一定要想好了再做决定！

文学类专业

我说的文学类专业主要就是中文、外语和新闻传播。

中文类专业的学术型研究生一般都是本专业的学生考，大多数跨专业考研的同学考的都是国际中文教育。外语类专业的研究生，也有很多同学会考，而报考外语类专业选择院校的时候，你会发现全国所有招收外国语专业的学校可以分成以下六大类高校。

第一大类就是纯粹的外国语大学，比如北京外国语大学、上海外国语大学、天津外国语大学、西安外国语大学。如果考进了这些学校，那么你将来干的工作很有可能就会跟外语类专业相关。原因非常简单，如果你是用人单位，你跑到这种外国语大学去招聘，那么你看中的是什么？一定是这种外国语大学学生的外语技能。

第二大类就是各种师范类大学，比如北京师范大学、华东师范大学、东北师范大学。这种学校的硕士，不管你是学硕还是专硕，一听名字就知道，将来很有可能会去做老师。

第三类大学就是各种财经类大学，比如中央财经大学、上海财经大学、东北财经大学，从这种学校学外语出来将来最有可能做的就是商务英语、商务翻译相关的工作。

第四类高校是学校牛，但是外语专业相对一般，比如北京理工大学、哈尔滨工业大学、同济大学、华南理工大学，这些学校都是“985工程”大学，学校的整体综合实力毋庸置疑，但是英语专业的排名着实一般，但是这种学校学英语专业也不难找工作，就像刚才我所说的，很多牛的企业会去这类学校招聘，而你是学英语专业的，可以利用你的强项找到一份让你满意的工作。

第五类高校就是前面我所说的有特点的学校，比如中国石油大学、中国矿业大学、北京邮电大学，这种学校学的英语往往跟这种学校的特点有关系，就业也都是跟这种学校的特点多多少少有点关系。

第六类高校就是以上特点全部都不具备，学校一般般，专业一般般，你都想不明白这样的学校为什么会有英语专业的硕士点，这种学校考试难度往往不会很大，说白了考进去就是为了混文凭。

而学英语的同学只要定了地方，定了将来想上学的城市，基本上这六类高校就会呈现在你的面前，那么你将来到底想做什么，一目了然。

而这两年报考新闻传播学的人数越来越多，不但学这个专业的想继续考，中文类、外语类、其他专业的同学因为对记者这个职业的憧憬，也很想考这个专业！大家要注意的是新闻学和传播学的差别。新闻学是干什么的？他是干记者的，他写个新闻报道或者采访一个人物，这都是学新闻学的同学的工作。而传播学呢？他的作用是把一个人或者一件事情、一款产品、一个企业的影响扩大或者缩小，这就叫传播学。

比如，我因为写书，猝死在了办公室。某个报社的记者一听网红老师猝死在办公室里，就跑到我的公司来采访，我怎么死的啊，我的死因啊，我的生平记事啊等，写这种报道就是新闻学的范畴。再比如广告学，广告学就是将一件事或者一个人的影响扩大，这就是传播学范畴。你看国内的广告和国外的广告就是不太一样，国内的广告比较注重宣传产品本身的功能。你再看国外的广告，它们重视的就是用户的体验与感受。比如苹果手机的广告，你从来都不知道它的像素是多少，你更不知道它充电五分钟能打多久的电话，它的广告告诉你的是用户的体验，比如用苹果手机拍照的乐趣、用苹果手机听音乐的乐趣。而你想危机公关，这就属于将一件事情的影响缩小。比如某一款产品突然出了质量问题，那么你如何面对一大堆突然跑过来的记者，你说什么才能让他们写出来的文章让读者感受是这款产品出了质量问题，责任不在你，这也是传播学的一种应用。

需要注意的是，如果你学的是广播电视编导类专业，你考研考的其实不是新闻学和传播学，你考的是广播电视艺术类专业，而艺术类专业的英语分数线很低，国家线只有30多分。所以，学这个专业的同学除非特别想做记者或者传播学相关工作，否则不要考新闻传播学。如果你是学其他专业的，想做节目的编导、策划什么的，你要考的专业其实是广播电视艺术学，这个一定要注意。

管理类不考数学的专业

管理类专业中不考数学的专业有行政管理、社会保障、社会医疗事业与公共卫生事业管理、图书馆学、情报学、档案管理学等。其中报考人数最多的，就是公共管理下的行政管理专业。

行政管理专业火，其实最主要的原因就是名字好听，而且不考数学，毕业后授予管理学硕士学位。“管理”这两个字听着就十分高大上，有没有？还不考数学（确切点说，大部分的学校都不考数学），多好！

其实，如果看各个学校招生计划分的方向，你会发现行政管理主要有三个大的方向：一个是人力资源管理，还有一个是政府行政管理，再有就是公共管理理论。而在实际就业过程中，这个专业毕业后主要就是两种方向：一种是考公务员，另一种就是进入企业，做行政管理类的工作。

单位行政管理的工作也是主要分两方面：一方面是人力资源工作，就是对于人员的招聘、考核、培训计划的制订甚至解聘不合格员工等，都属于人力资源的工作范畴；另一方面说白了就是这个公司的后勤，比如公司厕所有没有纸、公司年会在哪里开省钱啊、组织公司的各种公益活动、拓展培训啊等。

你说它太重要吧，也没有那么重要，你说不重要吧，也不能这么说，没有是肯定不行的，干不好肯定也是不行的。

而其他不考数学的管理类专业考研人数和竞争程度就没有那么激烈了。

艺术类专业

大家可以看一下前面的一级学科、二级学科的专业代码，代码前两位是13的都是毕业后授予艺术学学位的专业。如果你想跨专业考进艺术类的话，比如设计类专业，工业设计、平面设计、环境艺术设计、视觉传达、服装设计、珠宝设计，跨专业考的难度还是很大的。因为这些专业多多少少都要有一些艺术功底，比如美术手绘。你不要觉得自己小时候画画画得挺好，你就考得上，真正的艺术类的手绘考试跟你想的完全不一样。

而且不管是美术类、设计类，还是音乐类、舞蹈类、艺术类，在招收研究生的时候，导师招生的主观意识特别强。我们拿美术学来举例子吧，一幅画好与不好，谁说了算？当然是老师说了算。如果你想考某一位导师的研究生的话，就要提前了解这个老师的画的风格、他喜欢什么样的风格、他有没有在社会上办一些相应的美术培训辅导班。你自己要去寻找机会和这个老师接触，让老师提前了解你的画。这个专业不像理工类专业的专业课，这个题你答没答对，答案说了算，老师说了不算。这幅画好不好，没有答案，答案在老师那里！所以打算报考艺术类专业的一定要在考研之前接触老师！

其他不考数学的专业

其他不考数学的专业都属于社会人文学科，这些专业其实都有自己对应的就业岗位。其中社会工作硕士是这两年发展比较快的一个专业，但是就业区域主要是在南方，所以报考这个专业的同学一定要往南边考一考。

2. 问题二：你要考什么专业？

同学，你能考的专业有那么多，你要考什么专业呢？

你要知道，同一个专业因为二级学科分得比较细，将来干的工作有可能不一样，工作环境也是不一样的。

比如土木工程，大家都知道土木工程是一个很大的专业。有的人说：张老师，我知道土木工程是干吗的。我问是干吗的，他说是搬砖盖房子的。我想说，学土木的本科毕业不是搬砖的！说学土木是盖房子的也不太恰当。其实恰当点说，学土木毕业是做施工的。

你可以看一下二级学科的列表。土木工程学分了八个不同的二级学科，分别是岩土工程、结构工程、市政工程、建筑环境与能源工程、防灾减灾工程及防护工程、桥梁与隧道工程、土木工程建造与管理、土木工程材料。虽然这八个专业都是土木工程，但是你看名字就看出来了，这八个专业干的完全不一样。

例如岩土工程主要是涉及岩石、土和地下部分的工程。比如你会发现几乎现在中国的每个省会都在修建地铁。北京、上海、深圳三个城市几乎满地都是“窟窿”，地下工程就是岩土工程一个重要的研究方向。

关于结构工程，你可以把它理解为设计各种地面建筑物的所有工作，主要是用力学研究各种建筑物在各种荷载作用下的内力和变形。你看中国有很多楼结构长得很奇怪，比如广州的“小蛮腰”、苏州的“秋裤楼”。中国最著名的奇怪建筑物可能就是北京中央电视台的那个“大裤衩”了，一个建筑物长成那样，那么怎么保证在各种力的作用下不会塌，这么天马行空的设计是否具有实际操作性，这就是结构工程干的事情。

市政工程主要做的就是给水、排水和建筑给排水。这个专业在本科阶段并不叫市政工程，而是叫作给水排水工程，没错，就是我的本科专业。

防灾减灾工程及防护工程这个专业一听名字就知道是干吗的了，这个专业主要是做建筑物针对地震以及其他灾害的防护工作的。

而桥梁与隧道工程基本上就是土木工程专业里就业条件最艰苦的。你想想，你修桥修隧道是去哪里修啊。是不是大山里啊？你给大山掏个大窟窿，那不就是隧道吗？学这个专业的同学基本上常年在外，家庭生活……你懂的。再比如你学化工，你是去提炼石油，是去做防腐剂，还是去做化妆品？这就是专业之间的细微差别。所以，大家在二级学科以及方向的选择上一定要充分考虑到我们本科专业大而广的特点，在研究生阶段的专业细分选择上一定要考虑充分一些。

而有的同学说：张老师，我对我的专业都不了解啊，家里也没有干这个的啊，我找谁问啊？有的同学每年都让我给他定。说实话我不可能对所有专业都非常了解！那你该找谁呢？你忽略了你身边一个非常重要的资源，那就是你的专业课老师！你会发现你们专业课的老师最起码都是硕士毕业，还有博士毕业的，对不对？他们在你们这个行业奋斗很多年了，他们当年的同学也在这个行业干了很多年，他们当年考研的时候有没有同学考到别的专业、别的方向、别的学校？肯定有，那他们的同学学了不同的专业方向，现在发展得怎么样，你说他知不知道？肯定知道啊，谁混得好、谁混得不好，他们同学之间其实都是知晓的。

所以，你就找到你最信任的专业课老师，你跟他说：老师，我最相信你了，我想问一下，咱们这个专业哪个方向比较好啊？哪个方向最近几年发展速度比较快啊？你们当年考研的同学有没有考我想考的专业的啊？他考的是哪个学校，现在混得怎么样，能不能介绍给我认识一下啊？如果你跟老师沟通得比较好，你的老师的同学或者老师现在在某个学校任教，甚至有可能帮你去联系你想考的学校的导师。

3. 问题三：你要去哪里？

同学，将来你想在哪里生活、在哪里工作？这个问题你想过没有？中国这么大，每个地方都不一样。你一定要慎重思考这个问题。

当然也不是说你在哪里上学将来一定就在哪里混，咱们说的是个大概率事件，不是钻牛角尖，凡事都有例外，咱们说的是一个大比例，确确实实，你在哪里上学，毕业后在哪里工作的可能性就比较大。

中国地域辽阔，每个地方的风土人情、气候、饮食习惯各方面的差别是非常大的。

比如每年都有同学因为听了我的课就对东北这个地方产生了浓厚的兴趣。前两年我去广州讲课，一个小姑娘兴奋地跑到我跟前，用广东普通话跟我说：张老师，我要考到东北去，我要找个像你一样的东北老爷们儿。我说：同学，你可拉倒吧。这同学反倒急了，说：老师，你相信我，我会努力的，我再报一个你的辅导班，我肯定能考上！我说：同学，这不是你能不能考上的问题，是你到了东北以后能不能适应的问题！东北那么冷，你又这么瘦，你保证你能受得了东北那种环境吗？再有，东北民风彪悍，你这种南方的小姑娘又细腻温柔，生活上肯定也有不适应的地方。

而北方人到了南方也不一定适应。首先，吃这方面就不一定适应，北方人尤其中原地区的人，喜欢吃面食，而南方的主食却是米饭，这就是个问题。还有，像我一个东北人到了南方，除了吃穿方面，最不适应的就是气候。东北一年四季还是比较分明的，而到了南方，我发现一年就两个季节，一个是夏天，另一个是冬天，夏天特别热，冬天还特别冷。印象最深的就是大三的时候跟外国留学生对踢友谊赛。那天也是特别热。踢着踢着，对方有个队员在没有任何身体对抗的情况下突然晕倒了。我们跑过去一看，是个黑人兄弟，想着“别出事啊”，赶紧叫救护车吧。等医生过来一看，原来他中暑了。这哥们儿家是非洲的，起来就开始哭，说：我在家都没有中过暑，我到了中国居然中暑了……哭得那叫让人心酸。而最厉害的就是南方冬天的冷，南方冬天的冷和北方冬天的冷很不一样，南方冬天冷得让人无处可逃！在北方，外面冷，你可以进屋，屋里有暖气啊；南方是外面冷，屋里更冷，没有暖气，也没有太阳。你们知道晚上睡觉冻鼻子是什么感受吗？睡觉开空调完全没有感觉。在地理上，中国的南、北方分界线是秦岭、淮河，但是我觉得中国南、北方不应该在地理上分界，应该在暖气上分界。中国的暖气分界线其实是陇海铁路，东起连云港，西经徐州、开封、郑州、西安，这条线以南的城市，大多数的学校是没有暖气的。北方的同学一定要想好。

当然，每年也都有很多同学跟我说：张老师，我既不喜欢北方，也不喜欢南方，老师，我想去大城市——北京、上海、广州、深圳，我要去大城市实现我的理想。有理想当然好，但是，同学，你真的想好了吗？这种城市生活压力有多大，你知道吗？

拿我平时待得最久的城市北京来举例子吧。现在在北京租房子的话，三环以内的一居室一个月的房租都要4500~5000元，两居室都要7000元，我们先不说你能不能挣这么多钱，就说你挣了那么多钱，你自己没花，没给爹妈，你都交给房东了，你心疼不心疼？肯定心疼啊！那不是心疼啊，那绝对是肉疼啊！当年我在北京租房子住的时候，那是十几年前，租金将近4000一个月，交三押一，每一个季度交1.2万元的房租。我这三个月辛辛苦苦挣了一万二，自己没花，没给爹妈，全都给房东了。我能不心疼吗？！后来，我就一生气，一咬牙，一跺脚，借了一屁股债，买了一套属于自己的房子。我买房子的时候，我那套房子2.5万元一平方米。现在很多二线城市最好的房子都不到2.5万一平方米，当时我买的就那么贵，即使有这么贵的房子，也基本上是在这个城市相当好的地段。而我买的房子在北京西北五环外，你对北京的西北五环外有概念吗？对，它比四环多一环！我们家楼底下是百望山国家森林公园，都跑到山里了！当时我买的房子是48.78平方米。这还是建筑面积，使用面积不到40平方米的房子，你们有概念吗？一室一厅一厨一卫，没有阳台，有阳台就没有客厅了。你们算算我当时买房子花了多少钱！总房款是119.7万元。因为没有钱，做商业贷款，加上商业贷款的利息，一共是200.8万元，每个月还贷款还4500元，还款期限是三十年。说实话，每当夜深人静的时候，我总会想起一个问题：我还能活三十年吗？有的时候我觉得真的很悲摧，一辈子就为了一套北京五环外使用面积40平方米的房子奋斗了。

有的人说：你太打击人了，张老师，我本来想去北京追逐我的梦想的，你这么一说，我都不敢去了！如果你在这个问题上有所犹豫——到底去一个一线大城市还是去一个二、三线城市生活，我建议大家问自己这样一个问题：你将来到底想成为怎样的一个人？

你要成为怎样的一个人？

张老师，我要成为将来我们同学中最牛的那一个，我让那个不喜欢我的女生后悔死，将来同学聚会的时候，我就是要看到她后悔的表情。如果你是这个想法，我想跟你说，你一定要去大城市一个好的学校，因为只有这样，你才能完成你的抱负（报复）。但如果你的想法不是那样，我觉得平平淡淡过一生就好。比如每年都有很多女同学跟我说：张老师，其实我的想法很简单，我就想找个爱我的男人，生个可爱的孩子，养条傻狗。那你觉得你有必要去大城市吗？比如你说：老师，我是学师范类的，家是陕西的。咱也不说考个多牛的学校，咱就考你们陕西的陕西师范大学，凭借自己努力，实在不行报一个我的辅导班，希望还是很大的吧？你上了个陕西师大的研究生，毕业后别的不说，在陕西找个工作还是不在话下的吧。

你说，你们结婚在西安买不起房。家里面给你掏个首付，差不多吧？还房子的房贷，买辆车开一开，这样的日子是不是也能过啊？

所以，同学，你想过怎样的日子，咱们就考怎样的学校。但是，同学，请记住，一个人活得好不好，只有谁知道？只有你自己知道！所以，请你不要羡慕别人的生活，因为没有用，因为你光看到了他光鲜的一面，其实他生活的苦你不知道。你觉得你自己活得不好，其实他比你过得还不好。

强烈建议大家看一下朱德庸的一个漫画作品，叫作《跳楼》。漫画里，一个女孩觉得自己生活得很不幸福，决定不活了，要跳楼。结果她跳下去以后发现，各个楼层里那些她以前觉得比她幸福的人其实背后都有着各自的不幸，只是他们隐藏起来了而已。

所以，想去哪里生活，你自己想一想吧！

4. 问题四：你要去的地方哪个学校有你要考的专业？

现在你的情况是专业也定了，城市也定了，那你要去的那个地方哪些学校有你要考的这个专业，你知道吗？

其实同学们在选择学校、选择专业的时候容易犯的最大的一个错误就是脑子里面的学校特别少，就知道少数那几个非常牛的，这样就容易出现问题，比如你会发现你们班同学中大多数人考的都是同一个学校同一个专业，扎堆现象特别严重，你晚上都不敢好好睡觉，生怕你的竞争对手半夜对你干点啥。还有就是大家在报考的时候普遍报得都比较高，因为你不知道中档的院校有哪些！

你说：老师，我哪知道有哪些学校有我这个专业啊？

你上网查一下就行了，这个网站，我可以这么说，如果你考研不上这个网站的话，你就考不上研究生——因为你得在这个网站报名。对，就是你报名的中国研究生招生信息网。这个网站有三个作用：报名、调剂、查学校！

这个网站能帮你查到你要考的那个专业中国哪些学校在招研究生！

方法非常简单。

首先，你要登录研招网，然后点击硕士目录，你会看到以下这个界面：

大家看到这张图，第一排左边让你填写的是省份，右边填写的是招生单位，第二排左边让你填写的是学科门类，右边是学科，最下面让你填写专业名称。

大家在填写的时候一定要注意，学科门类那项选择你要报考的专业所属的学科门类，一级学科那项选择你所报考的一级学科，点“搜索”就能查到你所报考的专业的一级学科全国都有哪些大学在招生。如果你在省份那一栏做出选择，就能看到你想去的省份哪些学校有你这个专业在招生。

你说，张老师，为什么不在专业名称填写二级学科的名称呢？

这是因为中国很多高校在招生的时候是按照一级学科招生的，并非按照二级学科招生的。咱们举个例子，大家看上面的0802机械工程，这就是一个一级学科，它下面分了很多个二级学科。现在某个学校机械工程这个专业特别牛，牛到什么程度呢？多个二级学科都有硕士点，那么它就有可能将这些二级学科硕士点捏成一个一级学科硕士点。如果你只在二级学科那一栏填写的话，你是根本查不到这样的学校的。如果有兴趣，你可以在这个表格中省份那一栏填写“北京市”，专业名称填写“结构工程”，你会发现没有清华大学的身影。你说，老师，清华土木很牛啊，为啥结构工程没有招生啊？那是因为清华大学在土木工程专业上就是按照一级学科招生的。所以，这么一查，你会发现中国招收你那个专业的学校多不多？非常多，最常见的就是理工类高校有文科类专业，文科类高校有理工类专业。

咱们再拿几个学校举例子，比如中国人民大学。大家都知道这个大学什么专业最好，经济类、法学类、文学类专业都非常牛，是吧？但是它也是有理工类专业的，它有数学系、物理系、化学系，甚至有计算机科学与技术，招收的人还不少。同样的情况出现在很多理工类高校。比如外语专业，几乎全国所有的大学都有这个专业硕士点。很多理工类名校也是苦于学校属于理工类，导致外语专业报考人数不多，也要通过调剂才能完成自己的招生计划。

所以你们在选择学校的时候一定要范围更广一些。中国招收你那个专业的学校还是非常多的。

5. 问题五：你要考哪个学校？

是的，这么多学校都在招收你这个专业，你只能报考一个，那么你到底要报考哪一个呢？

那你就要参照以下两个参数来定学校。

6. 参数一：招生人数

这是很多同学忽略的一个数据。

当你决定下来要考一个学校一个专业的时候，一定要看看这个学校这个专业招收多少人。注意，我说的这个招生人数是这个学校这个专业的实际招生人数，不是招生总人数。

有的同学喜欢在研招网上找招生人数。注意，研招网上的招生人数其实并不准确。具体的招生人数，你一定要看看你目标院校的招生专业目录。注意，不一定是招生简章！招生简章一般是这个学校的一些招生政策，比如报考条件啊、学制啊、学费啊等信息。具体招收什么专业、考什么专业课、招收多少人、复试都考啥，这些都是招生专业目录中体现的。

而在看招生专业目录的时候要注意两点。第一就是招生专业目录中体现的人数是否包括保送生！相对负责任的学校都会写上的，而不负责任的学校一般都不写。这里咱们就不点名了。大家一定要参照一下目标学校研究生院网站，首先看看往年的实际招生人数、录取名单等信息，然后看看你考研那一年的保送名单，一般来讲，这个名单是必须公示的！

另外，一定要看清楚的是学院的招生人数，尤其是你那个专业的招生人数，以免产生误会。曾经有一个同学说：老师，我想考新闻学，我想考上海地区某“211工程”大学，我看这个学校应该比较好考，它招收100多人呢。我当时就告诉他：不可能，你看的肯定是学院的招生人数。他说：

老师，研招网是这么写的。我说：你到目标院校的研究生院网站看看它的招生专业目录，你绝对看错了！社会人文学科一般情况下不可能招生人数超过100人，超过50人的都很少，你绝对看错了。这位同学一看，确实是他自己看错了。

那么招收多少人算多呢？我个人的建议是，大家最好也对应着看一看这个学校这个专业的本科生招生计划。如果它有这个专业的本科生招收计划的话，理工类招收人数20人以上，社会人文学科招收人数10人以上，这都算比较安全的，你去考，考中机会比较大。如果招生人数在5人以上，其实我觉得都可以考虑，但是难度会比较大。招生人数在5人以内，尤其是招收人数一两个人的，我都不建议大家去报考。为什么？在中国，你撇不开的一个关系叫作人情。有的人问我：老师，在中国考研是不是得有关系啊？我想说，如果你有这种所谓的关系，当然好，如果没有，你也不要担心。但是，如果你目标院校只招一两个人的话，你就要小心了，咱们就这么说，万一有这么一位大哥想考这个学校，他有很强硬的关系背景，你觉得你考上这个学校的胜算有多大？咱们就别说有关系了，人家是本校的本科生，直接找到老师，说：我要考你这个专业的研究生。你说，老师能不考虑他吗？没准你就没有机会了。所以个人真的不建议考那种只招收一两个人的专业。在实际辅导过程中，我也遇到过这种情况，因为我们的辅导班是帮助大家准备专业课的。曾经有一个同学考某个学校某个专业，我们给他找到这个学校的相关人员一问，他考的这个方向的老师当年就招两个研究生，已经有人跟老师打过招呼了。这种情况下，你不要说所谓的公平与不公平，这个世界上本就没有绝对的公平，因为人太多，无论怎么样，总会有人觉得不公！正所谓众口难调，正是如此。

所以，在招生人数这一块千万不要掉以轻心，仔细查一查！

7. 参数二：复试分数线

决定目标学校目标专业以后，一定要看一下这个学校的复试分数线。这其实是你在选择学校的时候一个非常重要的维度。

前两年一个同学兴奋地跑过来说：张老师，我要考研。我说：你要考哪个学校的什么专业？他说：张老师，我要考上海财经大学的会计学专业。我说：同学，你查过去年的复试分数线吗？他说，没有。上海财经大学会计学在他考研前一年的复试分数线是402分。402分是什么概念呢？政治考70分，英语考70分，数学考130分，专业课考130分，最后加起来是400分，还差了2分。我说：同学，你数学和英语怎么样？他说：不是很好。我说：同学，拜托你拿出镜子看看，你考得了402分吗？镜子当时就碎了。

我想说，当你看到一个学校一个专业的复试分数线的时候，一定要预判一下自己能不能考到那么高的分数。这里要强调一下，这个复试分数线对于不考数学的专业的同学来讲，意义没有那么大。因为两门专业课都是自己学校出题的话，存在一个专业课试题的难易程度问题，还有一个老师给分松紧的问题。比如你是学法学的，华东政法大学的复试分数线其实每年都比中国政法大学的复试分数线高，但是这不代表中国政法大学比华东政法大学好考！但是个人建议也不要考那种分数线过高的学校，比如某个大学新闻与传播专业在2021年复试分数线达到惊人的415分。可能这得要求你两门专业课都要达到130分上，我个人觉得这种情况下可能就不是你怎么努力的问题了。不知道你们能不能明白我说的这句话？

8. 举例说明

前面我们说了这么多都是理论上的，我们现在拿一个专业来举例子，其他专业以此类推！我们就拿土木工程来举例子，我们看看这个传说中的5+2是怎么帮助你实现自己研究生梦想的。

首先，第一个问题：你学土木工程的，你能考多少个专业？我们从前面可以知道，我们土木工程有8个二级学科，当然我们还可以考我们这个专业的专业硕士建筑与土木水利，这样算，一共是10个专业。

第二个问题：同学，你想考这10个专业中的哪个呢？你说：老师，我问过我们的专业课老师，老师告诉我结构工程专业最好，就业面最广，我先奔着学术型硕士研究生努力，实在不行我就考专业硕士。我说：同学，结构工程难考啊。你说：老师，没事，我相信我自己的努力，加上咱们辅导班的辅导，我相信我一定能考上。OK，感谢你对我们的信任。咱们继续往下走。

第三个问题：同学，你想去哪里混啊？你说：老师，我们家安徽的，我不想离家太远，我想我妈，太远的地方我都不想去，我只考家里周边省份的学校，比如湖北、安徽、江苏、浙江、上海。你想想，你们中是不是很多人都是这么选择的？不想离家太远？我说：好，没有问题。我们继续往下走。

第四个问题：同学，你能不能查到你想去的这五个省市有哪些学校有你这个专业招生？能查吧？在研招网上就能查到吧。你会发现这五个省市比如说一共有15个学校在招收这个专业，是不是超乎你的想象？原来有这么多的学校都有你要考的这个专业！

第五个问题：你看这15个学校里你要考哪一个呢？

我们再参照两个参数：

第一，我们看一下这15个学校的招生人数。咱们能不能查出来？是不是都可以？然后你就会发现有的学校招收的人多，有的学校招收的人少。咱们把招生人数不到15个人的学校给去掉，你看好不好？假如有10个学校招生人数15个人都不到，招的人太少了，竞争比较激烈啊，本校再考几个，外校再有几个有关系的，哪还有咱的机会啊？咱们把这招生人数少的给去掉。还剩下5个学校。

第二，你再把剩下的5个学校的复试分数线都查出来，你会发现它们的复试分数线一样吗？是不是绝对不一样？有的学校分数高，有的学校分数低，对不对？那么，同学，你复习得比较好，就考那种高档的，复习得不行就考低档的，再不济，你会发现矬子里拔高，绝对有的学校分数过了国家线就能上！

所以，我在本章刚开始的时候说到，只要你用这个办法去选学校选专业，基本上不管你是什么样的底子，都有不错的研究生上！

初版后记

这本书文字部分结束的时候已经是北京时间清晨六点了。

这是我的第一本书。

此时我的心情已经没法用激动来表达了。我正疲惫地看着周围的一切，心里感受到的是欣慰和感激。

进入这个行业八年多了。八年间，我讲课、讲座达到两千多场，辅导的学生数以百万计，回答学生的问题更是无数。终于在今天，我将我八年的心得和经验集合在这一本书中，奉献给大家，确实心中百感交集。

先说说我写完这本书的感受吧。

首先，大家一定要在业余时间好好学习一下Office办公软件，最起码，Word文档、Excel表格、PPT这三样东西大家一定要学好。我在写这本书的时候，很多时间都在排版上。我甚至花了很长的时间到处看书，找视频来学习这三样东西。这三样东西对于大家将来的发展会起到至关重要的作用。PPT是在公司做工作汇报、相关行业培训和产品演示中非常重要的一个表达形式。其他的两样东西更是在你工作中和日常生活中必须学会的东西。当然，你将来发展得够牛了，你可以雇人来给你做这些，但是如果你牛到可以自己出书的时候，你会发现不会Office办公软件是一件多么恶心的事情。

我太后悔没有在有时间的时候好好学习这些玩意儿了，你们一定要吸取我的教训啊！

其次，我想说，大家将来不管考不考得上研究生，一定在未来的职业道路上和生活中记住一点，做人一定要厚道。我可以这样说，我在这个行业内如果不厚道的话，我不可能有今天的成绩，更不可能有这本书问世。我对得起所有人，包括我的竞争对手。

最后，大家一定要学会对自我的管理。自我管理太重要太重要了。我现在发现，其实人和人的差别除了智商和经验，最重要的差别都在自我管理上。自控能力强的人，是可以成大事的，自控能力不强的人什么都干不好。说实话，这一点我还要向很多前辈和同学学习，我的自控能力不是特别强，但是我知道我什么时候该干什么、什么时间应该做完什么事情，不需要很教条地把事情一件件做完，只要在规定时间内完成既定目标，你在社会上就绝对会有立足之地。

当然，这本书的出版包含了很多很多人的心血，在此，我要郑重地感谢这些人。

第一要感谢的是我的父母，可以说我的父母是特别普通的东北小老头儿、小老太太，人特别善良，他们这辈子没有什么理想，就是想把他们的儿子培养成一个很有用的能养活自己的人。还好我没有让他们失望。他们给了我生命，给了我非常好的教育，他们用实际行动告诉我什么事情该做、什么事情不该做。现在，我有这么多的朋友来帮助我，完全是因为我父母对我教育有方。我想对他们说："爸爸妈妈，谢谢你们，我爱你们。"

然后要感谢的是我人生中的恩人之一——北京华仁天下教育科技有限公司的董事长魏义虎先生。其中的感激之情在这里无法完全表达。我想对您说的是，不管将来发生什么事情，不管我们的关系发生怎样的变化，目前我的一切都是您给的，我会永远记住您对我的恩情。谢谢您！

现在要感谢联合读创（北京）文化传媒有限公司的董事长辛海峰老师和夏至老师，在我那段视频火遍网络的第一时间，辛老师和夏老师非常有诚意地给我发微信表达了出版这本书的意愿，而后联合读创的朋友们加班加点地给我改编、校对、修订。没有他们，这本书就不会诞生，感谢他们对我的信任，我也会永远记住他们对我的帮助和鼓励。谢谢你们!

当然还要感谢一直支持我、爱我的老婆。从我们结婚到现在，我没在家陪过她太长时间，家里一切事务由她操劳，辛苦她了。带孩子不比我在外面风风火火地折腾轻松多少。我会把一切都给她和我们的女儿Elle。我想对她说：“我爱你，我会永远永远都爱你！”

还有我的好朋友们，感谢大家平时对我的关心、照顾、包容、鼓励，尤其是我的创业伙伴——苏州研途教育科技有限公司康立老师、北京志翔海天教育科技有限公司格根塔娜老师，还有公司里的几十位同事，在我写这本书的时候，他们的理解和支持让我有时间来完成这本书，其间，他们承受了很大的压力。谢谢你们的支持。我们永远都是好兄弟。

当然还有你们——可爱的同学，包括那些已经不记得我是谁、听过我的课、考上或者没考上的同学，是你们对我的认可和批判才让我找到自己的价值，名义上我是老师，实际上我从来没有把自己当成你们的老师，我只是希望你们在我的课堂上、在我的书中学到有关考研的知识，能够帮助大家，我深感荣幸和欣慰。感谢大家的支持和错爱。希望大家都能前程似锦，发展顺利。

最后要感谢那些在网络上支持我的世界各地的网友，视频在那一个月里的流传程度超出了我的想象。感谢几个转发我微博的博主，感谢转发我视频的各个微信公众号。

感谢每一位看我视频，喜欢我的、骂我的，让你们为我浪费时间了。

嗯，我要回到床上睡觉去了……

我爱你们。

修订本后记

实际上考研形势这两年的变化主要体现在以下两个方面：

1.因为2017年入学的非全日制专业硕士改成了双证，直接导致了考研人数的大幅度上涨。

2.报名政策发生了一些变化。

从考试科目上来看，大多数的专业并没有发生太大的改变。

此次改版总体上增加了两万字左右的内容，并且对前面那两点变化，尤其是第一点，进行了非常详细的分析，而且给出了我自己的拙见。

考研的目的是让大家成为更好的自己，将来能够找到一个好工作，实现自己的人生理想和价值。所以我重在第一章进行了修改，实际上，如果你的大学读得不如意，完全可以在研究生阶段进行弥补。

总之一句话，不管大家考不考研、考不考得上研究生，都希望大家越来越好。

我会一直在这里陪伴大家！

张雪峰

2018年12月12日凌晨于北京

附录

附录1：199管理类综合能力联考大纲

Ⅰ.考试性质

综合能力考试是为高等院校和科研院所招收管理类专业学位硕士研究生（主要包括MBA/MPA/MPAcc/MEM/MTA等专业联考）而设置的具有选拔性质的全国联考科目，其目的是科学、公平、有效地测试考生是否具备攻读专业学位所必需的基本素质、一般能力和培养潜能，评价的标准是高等学校本科毕业生所能达到的及格或及格以上水平，以利于各高等院校和科研院所在专业上择优选拔，确保专业学位硕士研究生的招生质量。

Ⅱ.考查目标

1.具有运用数学基础知识、基本方法分析和解决问题的能力。

2.具有较强的分析、推理、论证等逻辑思维能力。

3.具有较强的文字材料理解能力、分析能力以及书面表达能力。

Ⅲ.考试形式和试卷结构

一、试卷满分及考试时间

试卷满分为200分，考试时间为180分钟。

二、答题方式

闭卷、笔试。不允许使用计算器。

三、试卷内容与题型结构

数学基础75分，有以下两种题型：

问题求解15小题，每小题3分，共45分；

条件充分性判断10小题，每小题3分，共30分。

逻辑推理30小题，每小题2分，共60分。

写作2小题，其中论证有效性分析30分，论说文35分，共65分。

Ⅳ.考查内容

一、数学基础

综合能力考试中的数学基础部分主要考查考生的运算能力、逻辑推理能力、空间想象能力和数据处理能力，通过问题求解和条件充分性判断两种形式来测试。

试题涉及的数学知识范围有：

（一）算术

1.整数

（1）整数及其运算

（2）整除、公倍数、公约数

（3）奇数、偶数

（4）质数、合数

2.分数、小数、百分数

3.比与比例

4.数轴与绝对值

（二）代数

1.整式

（1）整式及其运算

（2）整式的因式与因式分解

2.分式及其运算

3.函数

（1）集合

（2）一元二次函数及其图像

（3）指数函数、对数函数

4.代数方程

（1）一元一次方程

（2）一元二次方程

（3）二元一次方程组

5.不等式

（1）不等式的性质

（2）均值不等式

（3）不等式求解

一元一次不等式（组），一元二次不等式，简单绝对值不等式，简单分式不等式。

6.数列、等差数列、等比数列

（三）几何

1.平面图形

（1）三角形

（2）四边形

矩形，平行四边形，梯形。

（3）圆与扇形

2.空间几何体

（1）长方体

（2）柱体

（3）球体

3.平面解析几何

（1）平面直角坐标系

（2）直线方程与圆的方程

（3）两点间距离公式与点到直线的距离公式

（四）数据分析

1.计数原理

（1）加法原理、乘法原理

（2）排列与排列数

（3）组合与组合数

2.数据描述

（1）平均值

（2）方差与标准差

（3）数据的图表表示

直方图，饼图，数表。

3.概率

（1）事件及其简单运算

（2）加法公式

（3）乘法公式

（4）古典概型

（5）伯努利里概型

二、逻辑推理

综合能力考试中的逻辑推理部分主要考查考生对各种信息的理解、分析和综合，以及相应的判断、推理、论证等逻辑思维能力，不考查逻辑学的专业知识。试题题材涉及自然、社会和人文等各个领域，但不考查相关领域的专业知识。

试题涉及的内容主要包括：

（一）概念

1.概念的种类

2.概念之间的关系

3.定义

4.划分

（二）判断

1.判断的种类

2.判断之间的关系

（三）推理

1.演绎推理

2.归纳推理

3.类比推理

4.综合推理

（四）论证

1.论证方式分析

2.论证评价

（1）加强

（2）削弱

（3）解释

（4）其他

3.谬误识别

（1）混淆概念

（2）转移论题

（3）自相矛盾

（4）模棱两可

（5）不当类比

（6）以偏概全

（7）其他谬误

三、写作

综合能力考试中的写作部分主要考查考生的分析论证能力和文字表达能力，通过论证有效性分析和论说文两种形式来测试。

1.论证有效性分析

论证有效性分析试题的题干为一段有缺陷的论证，要求考生分析其中存在的问题，选择若干要点，评论该论证的有效性。

本类试题的分析要点是：论证中的概念是否明确，判断是否准确，推理是否严密，论证是否充分等。

文章要求分析得当，理由充分，结构严谨，语言得体。

2.论说文

论说文的考试形式有两种：命题作文、基于文字材料的自由命题作文。每次考试为其中一种形式。

要求考生在准确、全面地理解题意的基础上，对命题或材料所给观点进行分析，表明自己的观点并加以论证。

文章要求思想健康，观点明确，论据充足，论证严密，结构合理，语言流畅。

附录2：396经济类综合能力联考大纲

Ⅰ.考试性质

经济类联考综合能力是为高等院校和科研院所招收金融硕士、应用统计硕士、税务硕士、国际商务硕士、保险硕士及资产评估硕士而设置的具有选拔性质的全国招生考试科目。其目的是科学、公平、有效地测试考生是否具备攻读相关专业学位所必需的基本素质、一般能力和培养潜能，评价的标准是高等学校本科毕业生所能达到的及格或及格以上水平，以利于各高等院校和科研院所在专业上择优选拔，确保专业学位硕士研究生的招生质量。

Ⅱ.考查目标

1.具有运用数学基础知识、基本方法分析和解决问题的能力。

2.具有较强的逻辑分析和推理论证能力。

3.具有较强的文字材料理解能力和书面表达能力。

Ⅲ.考试形式与试卷结构

一、试卷满分及考试时间

试卷满分为150分，考试时间为180分钟。

二、答题方式

答题方式为闭卷、笔试。不允许使用计算器。

三、试卷内容与题型结构

数学基础：35小题，每小题2分，共70分。

逻辑推理：20小题，每小题2分，共40分。

写作：2小题，其中论证有效性分析20分，论说文20分，共40分。

Ⅳ.考查内容

一、数学基础

综合能力考试中的数学基础部分主要考查考生经济分析中常用数学知识中的基本概念和基本方法的理解和应用。

试题涉及的数学知识范围有：

（一）微积分部分

一元函数微分学，一元函数积分学；多元函数的偏导数、多元函数极值。

（二）概率论部分

分布和分布函数的概念；常见分布；期望和方差。

（三）线性代数部分

线性方程组；向量的线性相关和线性无关；行列式和矩阵的基本运算。

二、逻辑推理

综合能力考试中的逻辑推理部分主要考查考生对各种信息的理解、分析、综合和判断，并进行相应的推理、论证、比较、评价等逻辑思维能力。试题内容涉及自然、社会的各个领域，但不考查有关领域的专业知识，也不考查逻辑学的专业知识。

试题涉及的内容主要包括：

（一）概念

1. 概念的种类

2. 概念之间的关系

3. 定义

4. 划分

（二）判断

1. 判断的种类

2. 判断之间的关系

（三）推理

1. 演绎推理

2. 归纳推理

3. 类比推理

4. 综合推理

（四）论证

1. 论证方式分析

2. 论证评价

（1）加强

（2）削弱

（3）解释

（4）其他

3. 谬误识别

（1）混淆概念

（2）转移论题

（3）自相矛盾

（4）模棱两可

（5）不当类比

（6）以偏概全

（7）其他谬误

三、写作

综合能力考试中的写作部分主要考查考生的分析论证能力和文字表达能力，通过论证有效性分析和论说文两种形式来测试。

1.论证有效性分析

论证有效性分析试题的题干为一段有缺陷的论证，要求考生分析其中存在的缺陷与漏洞，选择若干要点，围绕论证中的缺陷或漏洞，分析和评述论证的有效性。

论证有效性分析的一般要点是：概念特别是核心概念的界定和使用是否准确并前后一致，有无明显的逻辑错误，论证的论据是否支持结论，论据成立的条件是否充分等。

文章根据分析评论的内容、论证程度、文章结构及语言表达给分。要求内容合理、论证有力、结构严谨、条理清楚、语言流畅。

2.论说文

论说文的考试形式有两种：命题作文、基于文字材料的自由命题作文。每次考试为其中一种形式。要求考生在准确、全面地理解题意的基础上，对题目所给观点或命题进行分析，表明自己的态度、观点并加以论证。文章要求思想健康、观点明确、材料充实、结构严谨完整、条理清楚、语言流畅。

附录3-1：2023年全国硕士研究生招生考试考生进入复试的初试成绩基本要求（学术学位类）

<table>
<tr><th rowspan="2">学科门类（专业）名称</th><th colspan="3">A类考生①</th><th colspan="3">B类考生②</th><th rowspan="2">备注</th></tr>
<tr><th>总分</th><th>单科（满分=100分）</th><th>单科（满分>100分）</th><th>总分</th><th>单科（满分=100分）</th><th>单科（满分>100分）</th></tr>
<tr><td>哲学</td><td>323</td><td>45</td><td>68</td><td>313</td><td>42</td><td>63</td><td rowspan="18">①A类考生：报考地处一区招生单位的考生。一区系北京、天津、河北、山西、辽宁、吉林、黑龙江、上海、江苏、浙江、安徽、福建、江西、山东、河南、湖北、湖南、广东、重庆、四川、陕西等21省（市）。

②B类考生：报考地处二区招生单位的考生。二区系内蒙古、广西、海南、贵州、云南、西藏、甘肃、青海、宁夏、新疆等10省（区）。

③工学照顾专业：力学[0801]、冶金工程[0806]、动力工程及工程热物理[0807]、水利工程[0815]、地质资源与地质工程[0818]、矿业工程[0819]、船舶与海洋工程[0824]、航空宇航科学与技术[0825]、兵器科学与技术[0826]、核科学与技术[0827]、农业工程[0828]。

④中医类照顾专业：中医学[1005]、中西医结合[1006]。

⑤享受少数民族照顾政策的考生：报考地处二区招生单位，且毕业后在国务院公布的民族区域自治地方定向就业的少数民族普通高校应届本科毕业生考生；或者工作单位和户籍在国务院公布的民族区域自治地方，且定向就业单位为原单位的少数民族在职人员考生。</td></tr>
<tr><td>经济学</td><td>346</td><td>48</td><td>72</td><td>336</td><td>45</td><td>68</td></tr>
<tr><td>法学</td><td>326</td><td>45</td><td>68</td><td>316</td><td>42</td><td>63</td></tr>
<tr><td>教育学（不含体育学）</td><td>350</td><td>51</td><td>153</td><td>340</td><td>48</td><td>144</td></tr>
<tr><td>文学</td><td>363</td><td>54</td><td>81</td><td>353</td><td>51</td><td>77</td></tr>
<tr><td>历史学</td><td>336</td><td>46</td><td>138</td><td>326</td><td>43</td><td>129</td></tr>
<tr><td>理学</td><td>279</td><td>38</td><td>57</td><td>269</td><td>35</td><td>53</td></tr>
<tr><td>工学（不含工学照顾专业）</td><td>273</td><td>38</td><td>57</td><td>263</td><td>35</td><td>53</td></tr>
<tr><td>农学</td><td>251</td><td>33</td><td>50</td><td>241</td><td>30</td><td>45</td></tr>
<tr><td>医学（不含中医类照顾专业）</td><td>296</td><td>39</td><td>117</td><td>286</td><td>36</td><td>108</td></tr>
<tr><td>军事学</td><td>260</td><td>35</td><td>53</td><td>250</td><td>32</td><td>48</td></tr>
<tr><td>管理学</td><td>340</td><td>47</td><td>71</td><td>330</td><td>44</td><td>66</td></tr>
<tr><td>艺术学</td><td>362</td><td>40</td><td>60</td><td>352</td><td>37</td><td>56</td></tr>
<tr><td>交叉学科（专业代码前两位为14）</td><td>265</td><td>36</td><td>54</td><td>255</td><td>33</td><td>50</td></tr>
<tr><td>体育学</td><td>305</td><td>39</td><td>117</td><td>295</td><td>36</td><td>108</td></tr>
<tr><td>工学照顾专业③</td><td>260</td><td>35</td><td>53</td><td>250</td><td>32</td><td>48</td></tr>
<tr><td>中医类照顾专业④</td><td>295</td><td>39</td><td>117</td><td>285</td><td>36</td><td>108</td></tr>
<tr><td>享受少数民族照顾政策的考生⑤</td><td>251</td><td>30</td><td>45</td><td>251</td><td>30</td><td>45</td></tr>
<tr><td colspan="7">报考“少数民族高层次骨干人才计划”考生进入复试的初试成绩基本要求为总分不低于251分。</td></tr>
</table>

附录3-2：2023年全国硕士研究生招生考试考生进入复试的初试成绩基本要求（专业学位类）

专业学位名称	A类考生①			B类考生②			备注
	总分	单科(满分=100分)	单科(满分>100分)	总分	单科(满分=100分)	单科(满分>100分)	
金融、应用统计、税务、国际商务、保险、资产评估	346	48	72	336	45	68	⑥临床医学[1051]、⑦口腔医学[1052]、⑧中医[1057]专业：根据相关规定，“招生单位自主确定并对外公布报考本单位临床医学类专业学位硕士研究生进入复试的初试成绩要求，以及接受报考其他单位临床医学类专业学位硕士研究生调剂的成绩要求。教育部划定临床医学类专业学位硕士研究生初试成绩基本要求供招生单位参考，同时作为报考临床医学类专业学位硕士研究生的考生调剂到其他专业的基本成绩要求。” ⑨同⑤
审计	197	51	102	187	46	92	
法律（非法学）、法律（法学）、社会工作、警务	326	45	68	316	42	63	
教育、汉语国际教育	350	51	77	340	48	72	
应用心理	350	51	153	340	48	144	
体育	305	39	117	295	36	108	
翻译、新闻与传播、出版	363	54	81	353	51	77	
文物与博物馆	336	46	138	326	43	129	
建筑学、城市规划、电子信息、机械、材料与化工、资源与环境、能源动力、土木水利、生物与医药、交通运输	273	38	57	263	35	53	
农业、兽医、风景园林、林业	251	33	50	241	30	45	
临床医学⑥、口腔医学⑦、公共卫生、护理、药学、中药学	296	39	117	286	36	108	
中医⑧	295	39	117	285	36	108	
军事	260	35	53	250	32	48	
工商管理、旅游管理	167	41	82	157	36	72	
公共管理	175	44	88	165	39	78	
会计	197	51	102	187	46	92	
图书情报	198	52	104	188	47	94	
工程管理	178	44	88	168	39	78	
艺术	362	40	60	352	37	56	
享受少数民族照顾政策的考生⑨	251	30	45	251	30	45	
报考“少数民族高层次骨干人才计划”考生进入复试的初试成绩基本要求为总分不低于251分。							

附录4：2021年少数民族高层次骨干人才研究生招生计划通知

一、总体要求

坚持以习近平新时代中国特色社会主义思想为指导，深入贯彻落实中央第七次西藏工作座谈会和第三次中央新疆工作座谈会精神，以铸牢中华民族共同体意识为主线，聚焦民族地区巩固脱贫攻坚成果和经济社会发展人才需求，调整优化生源和学科专业结构，提高人才培养质量和人才需求契合度，更好服务民族地区经济社会发展、促进民族团结进步。

1. 骨干计划是国家定向培养专项招生计划（包括全日制、非全日制），作为动态调整增量，在全国研究生招生总规模之内单列下达，请各招生单位在本单位研究生招生总计划内做好统筹安排。未完成的骨干计划原则上不得挪用。

2. 骨干计划招生是全国研究生招生的一部分，严格执行《2021年全国硕士研究生招生工作管理规定》和博士研究生年度招生文件，坚持“定向招生、定向培养、定向就业”原则。

3. 各招生单位要结合民族地区巩固脱贫攻坚成果和经济社会发展实际，将招生计划集中安排到学校优势学科专业特别是理工农医类学科专业，加强民族地区急需紧缺应用型人才培养。

二、招生对象

1. 生源地在内蒙古、广西、西藏、青海、宁夏、新疆（含新疆生产建设兵团）的少数民族考生，以及在上述地区工作满3年以上，报名时仍在当地工作的汉族考生。

2. 生源地在海南、重庆、四川、贵州、云南、陕西、甘肃的少数民族考生，以及河北、辽宁、吉林、黑龙江、湖北、湖南（含张家界市享受西部政策的一县两区）等6个省的民族自治地方和边境县（市）的少数民族考生。以及在上述地区国务院公布的民族自治地方工作满3年以上，报名时仍在民族自治地方工作的汉族考生。

3. 在内地西藏班、新疆班承担教学和管理任务的教职工；在西藏工作且满5年以上的“非西藏生源定向西藏就业计划”毕业生。

各生源地省级教育行政部门是考生报考资格审核确认的责任主体，应根据教育部有关文件要求，制订本地区考生报考资格审核办法并严格审核考生资格。严禁擅自调整生源范围，严禁设置其他限制性报考条件，公平对待各民族考生。拟同意报考的考生名单要在本部门官方网站进行公示，公示时间不少于5个工作日，公示无疑义方可确认报考资格。

三、考试录取

1. 报考骨干计划硕士的考生参加全国硕士研究生招生考试，实行“自愿报考、统一考试、单独划线、择优录取”，由教育部统一确定复试基本成绩要求。报考骨干计划博士的考生参加招生单位博士研究生招生考试并择优录取。对西藏、新疆和四川、云南、甘肃、青海四省藏区以及云南怒江、四川凉山、甘肃临夏等地的考生，同等条件下优先录取。被录取考生需与招生单位、生源地省级教育行政部门或（及）所在单位签订三方（或四方）定向协议书。被录取在职考生入学不迁转户口。

2. 继续实施定向西藏新疆公共管理硕士和定向新疆喀什地区医学硕士专项计划。除该两个专项计划外，汉族在职考生录取比例不得超过10%，招生计划数不足10人的招生单位应全部招收少数民族考生。

3. 各招生单位应规范招生程序、严格录取标准，坚决杜绝违规行为。对违反相关规定、造成恶劣社会影响的，追究相关责任者责任。对已录取的不符合报考条件的考生，一经查实随时取消考生录取资格，已入学的取消学籍。

四、其他事项

1. 招生单位是骨干计划研究生培养、管理责任主体。各招生单位应对骨干计划研究生坚持“爱、严、细”原则，与其他普通类招生计划录取研究生实行统一标准、统一要求、统一管理，不降低培养、管理标准。涉及骨干计划研究生修业年限、培养经费、学业奖助等在校期间教育管理服务各类事项，与其他普通类招生计划录取研究生一致，按各招生单位规定执行。

2. 骨干计划研究生毕业后，履行定向协议回定向地区和单位就业。在职研究生派遣回原工作单位；非在职研究生派遣回定向地区就业单位；毕业离校时仍未就业的非在职研究生派遣回定向省份毕业生就业工作主管部门。毕业研究生档案转回原工作单位、就业单位或定向省份毕业生就业工作主管部门。对未履行定向协议的毕业研究生，将视情记入个人征信档案。

3. 未经生源所在地省级教育行政部门和在职研究生原工作单位同意，骨干计划硕士研究生在学期间和服务期内不得报考博士研究生；经生源所在地省级教育行政部门和在职研究生原工作单位同意，骨干计划硕士研究生在学期间和服务期内可报考骨干计划博士研究生并签订骨干计划博士研究生定向协议书，毕业后服务年限按新协议重新计算。

附录5：英语一与英语二的考试题型、分值对比表

考试题型	英语一	英语二
完形填空	在一篇240~280词的文章中留出20个空白，要求考生从每题给出的4个选项中选出最佳答案，使补全后的文章意思通顺、前后连贯、结构完整。	在一篇约350词的文章中留出20个空白，要求考生从每题给出的4个选项中选出最佳答案，使补全后的文章意思通顺、前后连贯、结构完整。
	共20小题，每小题0.5分，共10分。	共20小题，每小题0.5分，共10分。
阅读理解A（传统阅读理解）	主要考查考生理解主旨要义、具体信息、概念性含义，进行有关判断、推理和引申，根据上下文推测生词词义等能力。要求考生根据所提供4篇（总长度约为1600词）文章，从4个选项中选出最佳答案。	本部分为单项选择题，共四篇文章，总长度为1500词左右。要求考生阅读文章并回答每篇文章后面的问题。考生须在每小题所提供的选项（A、B、C、D）中选出唯一正确或是最合适的答案。
	共20小题，每小题2分，共40分。	共20小题，每小题2分，共40分。
阅读理解B（新题型）三种备选题，每年仅选用一种	题型1：一篇总长度为500~600词的文章，其中有5段空白，文章后有6~7段文字。要求考生根据文章内容从这6~7段文字中选择能分别放进文章中5个空白处的5段。	题型1（多项对应）：一篇长度为450~550词的文章，试题内容分为左、右两栏，左侧一栏为5道题目，右侧一栏为7个选项。要求考生在阅读后根据文章内容和左侧一栏中提供的信息从右侧一栏的7个选项中选出对应的5项相关信息。
	题型2：在一篇长度约500~600词的文章中，各段落的原有顺序已被打乱，要求考生根据文章的内容和结构将所列段落（7~8个）重新排序，其中有2~3个段落在文章中的位置已给出。	题型2（小标题对应）：在一篇长度为450~550词的文章前有7个概括句或小标题。这些文字或标题分别是对文章中某部分的概括或阐述。要求考生根据文章内容和篇章结构从这7个选项中选出最恰当的5个概括句或小标题填入文章空白处。
	题型3：在一篇长度为500词的文章前或后有6~7段文字或6~7个概括句或小标题。这些文字或标题分别是对文章中某一部分的概括、阐述或举例。要求考生根据文章内容，从这6~7个选项中选出最恰当的5段文字或5个标题填入文章的空白处。	题型3（正误判断）：在一篇长度为450~550词的文章后有与文章内容有关的5项陈述。要求考生在阅读后根据文章内容、判断各项陈述的内容是“正确”（True）还是“错误”（False）。
	共5小题，每小题2分，共10分。	共5小题，每小题2分，共10分。
阅读理解 C（翻译）	要求考生阅读一篇约400词的文章，将其中5个画线部分（约150词）译成汉语，要求译文准确、完整、通顺。	要求考生阅读、理解长度为150词左右的一个或几个英语段落，并将其全部译成汉语。

续表

	共5小题，每小题2分，共10分。	共15分。
写作（小作文和大作文）小作文有两种备选题型，每年仅选用一种	写作A节（小作文），有两种备选题型，分别为： 题型1：考生根据所给情景写出约100词（标点符号不计算在内）的应用性短文，包括私人和公务信函、备忘录、报告等。 题型2：要求考生根据所提供的汉语文章，用英语写出一篇80~100词的文章摘要。 共10分。	写作A节（小作文），有两种备选题型，分别为： 题型1：考生根据所给情景写出约100词（标点符号不计算在内）的应用性短文，包括私人和公务信函、备忘录、报告等。 题型2：要求考生根据所提供的汉语文章，用英语写出一篇80~100词的该文摘要。 共10分。
	写作B节（大作文）：考生根据提示信息写出一篇160~200词短文（标点符号不计在内）。提示信息的形式有主题句、写作提纲、规定情景、图、表等。 共20分。	写作B节（大作文）：要求考生根据所规定的情景或给出的提纲，写出一篇150词以上的英语说明文或议论文。提供情景的形式为图画、图标或文字。 共15分。

附录6：2023年全国硕士研究生招生考试A类考生英语分数线与部分自主划线院校英语分数线对比

学科门类（专业）名称	2023年国家A类考生英语分数线	中国人民大学	南开大学	上海交通大学	浙江大学	厦门大学	吉林大学	中山大学	西安交通大学
哲学	45	55	60	55	55	50	50	50	50
经济学	48	55	60	60	60	60	55	55	55
法学	45	55	60	55	60	60	55	50	50
教育学（不含体育学）	51	60	65		60	60	55		
文学	54	60	60	54	60	60	60	55	54
历史学	46	55	60		55	50	55	50	
理学	38	50	50	50	55	50	45	50	45
工学（不含工学照顾专业）	38	50	50	50	55	50	45	50	45
农学	33		50	50	55		45	50	
医学（不含中医类照顾专业）	39	55	50	55	60	50	50	50	50
军事学	35								
管理学	47	55	60	47	60	55	55	55	55
艺术学	40	50	50		55	美术学45	40	40	
交叉学科	36					50	55	45	45

附录7：研究生教育学科专业目录之一级学科招生专业（学术学位）以及代码

一级学科代码	一级学科名称
0101	哲学
0201	理论经济学
0202	应用经济学
0301	法学
0302	政治学
0303	社会学
0304	民族学
0305	马克思主义理论
0306	公安学
0307	中共党史党建学
0308	纪检监察学
0401	教育学
0402	心理学
0403	体育学
0501	中国语言文学
0502	外国语言文学
0503	新闻传播学
0601	考古学
0602	中国史
0603	世界史
0701	数学
0702	物理学
0703	化学
0704	天文学
0705	地理学
0706	大气科学
0707	海洋科学
0708	地球物理学
0709	地质学
0710	生物学

（续表）

0711	系统科学
0712	科学技术史
0713	生态学
0714	统计学
0801	力学
0802	机械工程
0803	光学工程
0804	仪器科学与技术
0805	材料科学与工程
0806	冶金工程
0807	动力工程及工程热物理
0808	电气工程
0809	电子科学与技术
0810	信息与通信工程
0811	控制科学与工程
0812	计算机科学与技术
0813	建筑学
0814	土木工程
0815	水利工程
0816	测绘科学与技术
0817	化学工程与技术
0818	地质资源与地质技术
0819	矿业工程
0820	石油与天然气工程
0821	纺织科学与工程
0822	轻工技术与工程
0823	交通运输工程
0824	船舶与海洋工程
0825	航空宇航科学与技术
0826	兵器科学与技术
0827	核科学与技术
0828	农业工程

（续表）

0829	林业工程
0830	环境科学与工程
0831	生物医学工程
0832	食品科学与工程
0833	城乡规划学
0835	软件工程
0836	生物工程
0837	安全科学与工程
0838	公安技术
0839	网络空间安全
0901	作物学
0902	园艺学
0903	农业资源与环境
0904	植物保护
0905	畜牧学
0906	兽医学
0907	林学
0908	水产
0909	草学
0910	水土保持与荒漠化防治学
1001	基础医学
1002	临床医学
1003	口腔医学
1004	公共卫生与预防医学
1005	中医学
1006	中西医结合
1007	药学
1008	中药学
1009	特种医学
1011	护理学
1012	法医学
1101	军事思想与军事历史

（续表）

1102	战略学
1103	联合作战学
1104	军兵种作战学
1105	军队指挥学
1106	军队政治工作学
1107	军事后勤学
1108	军事装备学
1109	军事管理学
1110	军事训练学
1111	军事智能
1201	管理科学与工程
1202	工商管理学
1203	农林经济管理
1204	公共管理学
1205	信息资源管理
1301	艺术学
1401	集成电路科学与工程
1402	国家安全学
1403	设计学
1404	遥感科学与技术
1405	智能科学与技术
1406	纳米科学与工程
1407	区域国别学

附录8：研究生教育学科专业目录之二级学科专业名称

一级学科名称	二级学科名称
0101 哲学	马克思主义哲学
	中国哲学
	外国哲学
	逻辑学
	伦理学
	政治哲学
	美学
	宗教学
	科学技术哲学
0201 理论经济学	政治经济学
	经济思想史
	经济史
	西方经济学
	世界经济学
	人口、资源与环境经济学
0202 应用经济学	国民经济学
	区域经济学
	数字经济学
	财政学（含税收学）
	金融学（含保险学）
	产业经济学
	国际贸易学
	劳动经济学
	能源与生态经济学
	健康经济学
	教育经济学
	经济统计学
	计量经济学
	和平与防务经济学
0301 法学	法学理论

（续表）

	宪法学与行政法学
	刑法学
	民商法学
	诉讼法学
	法学史学
	宪法学
	行政法学
	刑法学
	民商法学
	经济法学
	社会法学
	诉讼法学
	环境与资源保护法学
	国际公法学
	国际私法学
	国际经济法学
	军事法学
	知识产权法学
	党内法规学
	网络与信息法学
	卫生健康法学
	交叉法学
0302 政治学	政治学理论
	中国政治
	国家治理
	科学社会主义与国际共产主义运动
	比较政治
	国际政治
	国际关系
	外交学
	全球治理与国际组织

（续表）

	计算政治学
0303 社会学	社会学理论与方法
	应用社会学
	人口学
	人类学
	民俗学（含民间文艺学）
	社会治理与社会政策
	社会工作
	社会心理与社会认知
	老年学
0304 民族学	民族学
0305 马克思主义理论	马克思主义基本原理
	马克思主义发展史
	马克思主义中国化研究
	思想政治教育
	中国近现代史基本问题研究
0306 公安学	公安管理学
	治安学
	侦察学
	犯罪学
	边防管理学
	公安政治工作学
	公安情报学
	禁毒学
	警卫安全学
0307 中共党史党建学	中共党史党建学理论
	中国共产党历史
	党的领导和党的建设
	党务工作理论与实践
0308 纪检监察学	纪检监察理论
	党的纪律学

（续表）

	监察法学
	廉政学
0401 教育学	教育学原理
	教育史
	比较教育学
	课程与教学理论
	教育政策与领导学
	高等教育学
	基础教育学
	学前教育学
	教师教育学
	教育评价学
	职业技术教育学
	成人教育学
	特殊教育学
	教育技术学
	工程教育学
0402 心理学	普通心理学
	认知心理学
	发展心理学
	社会心理学
	心理测量学
	教育心理学
	管理心理学
	体育与运动心理学
	工程心理学
	临床与咨询心理学
	军事心理学
	法律心理学
	心理学史
0403 体育学	体育人文社会学

（续表）

	运动人体科学
	体育教育训练学
	民族传统体育学
0501 中国语言文学	汉语言文字学
	理论语言学
	应用语言学
	文艺学
	中国古代文学
	中国现当代文学
	中国少数民族语言文学
	中国古典文献学
	比较文学与世界文学
	民间文学
	中文创意写作
0502 外国语言文学	英语语言文学
	俄语语言文学
	法语语言文学
	德语语言文学
	日语语言文学
	印度语言文学
	西班牙语语言文学
	阿拉伯语语言文学
	欧洲语言文学
	亚非语言文学
	外国语言学及应用语言学
	翻译学
	比较文学与跨文化研究
	外语教育学
0503 新闻传播学	新闻学
	传播学
	舆论学

（续表）

	广播电视与溶酶体
	智能传播
	国际传播
	广告与传媒经济
0601 考古学	先秦考古
	秦汉至宋元明考古
	外国考古
	专门考古
	科技考古与文物保护
	文化遗产与博物馆学
0602 中国史	中国古代史
	中国近代史
	中国现代史
	中国专门史
	史学理论及中国史学史
	历史地理学
	历史文献学（含敦煌学、古文字学）
0603 世界史	史学史学理论与史学史
	世界上古中古史
	世界近现代史
	世界地区与国别史
	世界专门史
0701 数学	基础数学
	计算数学
	概率论与数理统计
	应用数学
	运筹学与控制论
0702 物理学	理论物理
	粒子物理与原子核物理
	原子与分子物理
	等离子体物理

（续表）

	凝聚态物理
	声学
	光学
	无线电物理及计算物理
0703 化学	无机化学
	分析化学
	有机化学
	物理化学
	高分子化学与物理
	化学生物学
	理论与计算化学
	能源化学
0704 天文学	天体物理学
	天体测量学
	天体力学
	天文技术与方法
0705 地理学	自然地理学
	人文地理学
	地图学与地理信息系统
	经济地理学
	灾害与风险地理学
	景观与区域地理学
	自然资源与国土空间规划学
	全球变化与世界地理学
	地理教育学
0706 大气科学	气象学
	大气物理学与大气环境
	气候系统科学
0707 海洋科学	物理海洋学
	海洋化学
	海洋生物学与生物海洋学

（续表）

	海洋地质
	海洋气象学
	海洋地球物理学
	河口海岸学
	海洋数据与信息科学
	极地海洋学
	海洋技术
	海洋能源与资源
0708 地球物理学	固体地球物理学
	空间物理学
0709 地质学	矿物学
	岩石学
	矿床学
	地球化学
	古生物学及地层学（含古人类学）
	构造地质学
	第四纪地质学
	水文地质学
	沉积学（含古地理学）
	行星地质学
0710 生物学	动物学
	植物学
	微生物学
	水生生物学
	生物化学与分子生物学
	细胞生物学
	遗传学
	发育生物学
	生理学
	神经生物学
	生物物理学

（续表）

	生物信息与计算科学
	干细胞生物学
	进化生物学
0711 系统科学	系统理论
	系统分析与集成
	复杂系统建模与调控
	大数据与智能系统
0712 科学技术史	科学史
	技术史
	农学史
	医学史
	科学技术与社会
	科技传播与教育
	科技考古与文物保护
	科技遗产与数字人文
0713 生态学	植物生态学
	动物生态学
	微生物生态学
	生态系统生态学
	景观生态学
	修复生态学
	可持续生态学
0714 统计学	数理统计学
	经济统计学
	生物与卫生统计学
	统计机器学习
	金融统计与经济计量
	风险管理与精算学
	教育与心理统计学
	数据科学与统计应用
0801 力学	动力学与控制

（续表）

	固体力学
	流体力学
	工程力学
	基础力学与力学交叉
0802 机械工程	机械制造及其自动化
	机械电子工程
	机械设计与理论
	车辆工程
	微纳机电工程
	工业工程
	智能装备与机器人
0803 光学工程	光电信息工程
	光子学与光电子技术
0804 仪器科学与技术	精密仪器技术与工程
	测试计量技术及仪器
	科学仪器技术与工程
	生物医学仪器及技术
0805材料科学与工程	材料学
	材料物理与化学
	材料加工工程
	高分子材料
	复合材料
	纳米材料技术
	材料基因工程
	光电信息材料与器件
	能源材料
	生物医用材料
	环境材料
0806 冶金工程	冶金物理化学
	钢铁冶金
	有色金属冶金

（续表）

0807 动力工程及工程热物理	工程热物理
	热能工程
	动力机械及工程
	流体机械及工程
	制冷及低温工程
	化工过程机械
	能源环境工程
	新能源科学与工程
	储能科学与工程
0808 电气工程	电工理论与新技术
	电工材料与电介质
	电机系统及其控制
	智能电气与电工装备
	电力系统及其自动化
	电力信息技术
	高电压与绝缘技术
	电力电子与电能变换
	新能源发电与电能存储
	生物电磁技术
0809电子科学与技术	物理电子学
	微电子学与固体电子学
	电路与系统
	电磁场与微波技术
	电磁信息功能材料与结构
0810 信息与通信工程	通信与信息系统
	信号与信息处理
	空天信息技术
0811 控制科学与工程	控制理论与控制工程
	检测技术与自动化装置
	系统工程
	模式识别与智能系统

（续表）

	导航、制导与控制
	生物信息学
	建模仿真理论与技术
0812 计算机科学与技术	理论计算机科学
	计算机系统结构
	计算机软件
	计算机网络与安全
	人工智能
	计算机应用技术
0813 建筑学	建筑设计及其理论
	建筑历史与理论
	建筑技术科学
	城市设计及其理论
	室内设计及其理论
	建筑遗产保护及其理论
0814 土木工程	岩土工程
	结构工程
	市政工程
	建筑环境与能源工程
	防灾减灾工程及防护工程
	桥梁与隧道工程
	土木工程建造与管理
	土木工程材料
0815 水利工程	水文学及水资源
	水力学及河流动力学
	水工结构工程
	水利水电工程
	港口、海岸及近海工程
0816 测绘科学与技术	大地测量学与测量工程
	摄影测量与遥感
	地图制图学与地理信息工程

（续表）

	导航与位置服务
	矿山与地下测量
	海洋测绘
	智能时空信息技术
0817 化学工程与技术	化学工程
	化学工艺
	生物化工
	应用化学
	工业催化
	3个指导性自设二级学科：分子化工、材料化工、能源化工
0818地质资源与地质工程	矿产普查与勘探
	地质工程
	地球探测与信息技术
	可自主增设1~3个二级学科，如：深地资源探测与开发、地下新能源与碳储工程、国土资源信息工程等
0819 矿业工程	采矿工程
	矿物加工工程
	岩体力学与工程
	矿业安全与环境
	智能矿山工程
	矿业经济与管理
0820 石油与天然气工程	油气井工程
	油气田开发过程
	油气储运工程
	海洋油气工程
	智能油气工程
	石油工程管理
0821 纺织科学与工程	纺织材料
	纺织工程
	纺织品设计与工程
	纺织化学与染整工程
	服装设计与工程

（续表）

	非织造材料与工程
0822 轻工技术与工程	制浆造纸工程
	发酵工程
	制糖工程
	皮革化学与工程
	印刷工程
	包装工程
	生物质化学与工程
0823 交通运输工程	交通运输规划与管理
	交通基础设施工程
	载运工具运用工程
	交通信息与控制
	交通安全与环境
0824 船舶与海洋工程	船舶与海洋结构物设计制造
	轮机工程
	水声工程
	深海技术与装备
	海洋智能与无人技术
0825 航空宇航科学与技术	飞行器设计
	航空宇航推进理论与工程
	航空宇航制造工程
	人机与环境工程
	航空宇航系统工程
0826 兵器科学与技术	武器系统理论与总体技术
	发射理论与技术
	智能探测与制导控制技术
	发射理论与技术
	智能探测与制导控制技术
	毁伤技术与弹药工程
	特种能源工程
	武器系统运用与保障工程

（续表）

0827 核科学与技术	核能科学与工程
	核燃料循环与材料
	核技术及应用
	辐射防护及环境保护
0828 农业工程	农业机械化与装备工程
	农业水土工程
	农业生物环境与能源工程
	农业信息与电气工程
	农业生物系统工程
0829 林业工程	木材科学与技术
	林产化学加工工程
	森林工程
	林产化学加工工程
	家具设计与工程
	生物质能源与材料
	林业装备与信息化
0830 环境科学与工程	环境科学
	环境工程
	环境健康
0831 生物医学工程	健康医学工程
	医学诊疗技术与器械
	康复医学工程
	生物材料与组织过程
	生物医学信息工程
	特种医学工程
0832 食品科学与工程	食品科学
	农产品加工及贮藏工程
	粮食油脂及植物蛋白工程
	水产品加工及贮藏工程
	食品营养
	食品安全

（续表）

	食品与机械
0833 城乡规划学	空间发展与规划理论
	城乡规划与设计方法
	城乡系统与规划技术
	住房发展与社区规则
	城乡历史与遗产保护
	空间治理与规划技术
0835 软件工程	软件工程理论与方法
	软件工程技术
	软件服务过程
	领域软件工程与工业软件
	群智软件与生态
0836 生物工程	基因工程
	酶（蛋白质）工程
	代谢工程
	生物过程工程
	动植物细胞工程
	微生物发酵工程
	合成生物工程
	材料生物工程
	能源生物工程
	环境生物工程
	医药生物工程
0837 安全科学与工程	安全科学与系统工程
	安全技术
	智能安全
	应急与安全管理
	职业安全健康
0838 公安技术	刑事科学技术
	网络安全执法技术
	交通管理工程

（续表）

	安全防范技术与工程
	警务大数据技术
0839 网络空间安全	网络空间安全基础
	密码学及应用
	网络与系统安全
	信息内容安全
	应用与数据安全及新兴信息技术安全
0901 作物学	作物栽培学与耕作学
	作物遗传育种
	种子科学与技术
	作物信息科学与技术
	作物生产系统与生态工程
0902 园艺学	果树学
	蔬菜学
	观赏园艺学
	茶学
	设施园艺学
0903 农业资源与环境	土壤学
	植物营养学
	农业农村环境保护与治理（农业环境保护）
	土地资源学
	农业资源循环利用
	农业绿色发展
0904 植物保护	植物病理学
	昆虫学
	农药学
0905 畜牧学	动物遗传育种学
	动物繁殖学
	动物营养与饲料科学
	智慧养殖与动物生产学
	特种动物科学

（续表）

0906 兽医学	基础兽医学
	预防兽医学
	临床兽医学
	动物药学
	中兽医学
	兽医公共卫生学
	实验动物学与比较医学
	兽医生物工程学
	兽医生物信息学
0907 林学	林木遗传育种
	森林培育学
	森林保护学
	森林经理学
	野生动植物保护与利用学
	园林植物与观赏园艺学
	经济林学
	自然保护地学
0908 水产	水产养殖学
	捕捞学
	渔业资源学
	水产遗传育种与繁殖
	水产动物营养与饲料学
	水产医学
	水产设施与工程
	水产品加工与质量安全
	渔业经济与管理
0909 草学	草原学
	牧草学
	草坪学
	草地保护学和草业经营学
0910 水土保持与荒漠化防治学	水土保持学

（续表）

	荒（石）漠化防治学
	林草生态工程学
	生态修复工程学
	流域治理学
1001 基础医学	人体解剖与组织胚胎学（人体解剖学、组织与胚胎学）
	医学免疫学
	病原生物学
	病理学与病理生理学（病理学、病理生理学）
	医学生理学
	人类遗传学
	医学生物化学与分子生物学
	医学细胞生物学
	医学药理学
	自主设置二级学科包括：医学神经生物学、医学病毒学、系统生物医学、医学信息学、比较医学、医学伦理学、组织工程学、医学教育学、分子医学、医学心理学、转化医学、干细胞与再生医学、疾病组学、医学实验动物学、人体微生态学等
1002 临床医学	内科学
	普通外科学
	骨科学
	泌尿外科学
	胸外科学
	神经外科学
	整形外科学
	妇产科学
	儿科学
	神经病学
	精神医学
	眼科学
	耳鼻咽喉－头颈外科学
	皮肤病学
	放射影像学

（续表）

	超声医学
	核医学
	临床检验诊断学
	临床病理学
	康复医学
	麻醉学
	急诊医学
	医学遗传学
	放射肿瘤学
	预防医学
	全科医学（家庭医学）
1003 口腔医学	口腔基础医学
	口腔临床医学
1004 公共卫生与预防医学	流行病与卫生统计学
	劳动卫生与环境卫生学
	营养与食品卫生学
	少儿卫生与妇幼保健学
	卫生毒理学
	社会医学与健康教育学
	军事预防医学
	卫生政策与卫生管理学
1005 中医学	中医基础理论
	中医诊断学
	中医临床基础
	中医医史文献
	临床中药学
	方剂学
	中医内科学
	中医外科学
	中医骨伤科学
	中医妇科学

（续表）

	中医儿科学
	中医眼科学
	中医耳鼻喉科学
	针灸学
	推拿学
	民族医学
1006 中西医结合	中西医结合基础医学
	中西医结合临床医学
	中西医结合药学
1007 药学	药物化学
	药剂学
	生药学
	药物分析学
	微生物与生物技术药物学
	药理学
	临床药学
	社会与管理药学
1008 中药学	中药资源学
	中药炮制学
	中药鉴定学
	中药化学
	中药分析学
	中药药理学
	中药药剂学
	临床中药学
	民族药学
	分子生药学
1009 特种医学	航空航天医学
	航海医学
	潜水医学
	高原医学

（续表）

	热带医学
	极地医学
	放射与辐射医学
	应激医学
	职业冰雪
	运动医学
1011 护理学	母婴与儿童护理学
	成人与老年护理学
	健康与慢病管理学
	交叉护理学
	急危重症与灾害护理学
	中医护理学
	精神心理健康护理学
	护理人文社会学
1012 法医学	法医病理学
	法医物证学
	法医临床学
	法医毒物学
	法医精神病学
1201 管理科学与工程	管理决策与优化
	管理系统工程
	信息系统与信息管理
	管理心理与行为科学
	数据科学与智能管理
	工程管理
	运营与供应链管理
	服务科学与管理
	技术创新与管理
	风险与应急管理
	工业工程
	电子商务

（续表）

	物流与交通管理
	金融科技与金融工程
	医疗与健康管理
	资源与环境管理
	社会管理工程
1202 工商管理学	会计学
	企业管理
	旅游管理
	技术经济与管理
	市场营销学
	财务管理
	人力资源管理
1203 农林经济管理	农业经济与管理
	林业经济与管理
	食物经济与管理
	自然资源管理
	农村发展
	农商管理
1204 公共管理学	行政管理
	公共政策
	卫生政策与管理
	教育政策与管理
	社会保障
	土地资源管理
	应急管理
	社会组织管理
	数字公共治理
	城乡公共治理
	全球治理
1205 信息资源管理	图书馆学
	情报学

（续表）

	档案学
	数据管理与数据科学
	信息分析
	数字人文
	公共文化管理
	出版管理
	古籍保护与文献学
	健康信息学
	保密管理
1301 艺术学	艺术理论（艺术哲学、艺术史学、艺术批评学、艺术传播学、艺术心理学、艺术社会学、艺术教育学、比较艺术学等）
	艺术管理
	艺术遗产
	艺术跨学科研究
	音乐学
	舞蹈学
	戏剧学
	戏曲与曲艺学
	电影学
	广播电视艺术学
	美术学
	书法学
	设计史论
1401 集成电路科学与工程	集成纳电子科学
	集成电路设计与设计自动化
	集成电路制造工程
1402 国家安全学	国家安全思想与理论
	国家安全战略
	国家安全治理
	国家安全技术
1403 设计学	全国开设较为普及的：设计历史与理论、环境设计、工业设计、视觉传达与媒体设计、信息与交互设计、设计与手工艺、服务设计、时尚与染织设计、设计战略与管理

（续表）

	特色或前沿方向的：设计美学与设计批评、社会设计与社会创新、陶瓷设计、策展设计、人工智能与数据设计、设计工程与技术研究等
1404 遥感科学与技术	遥感科学
	遥感探测技术
	遥感信息工程
	遥感应用技术
1405 智能科学与技术	智能基础理论
	人工智能
	智能系统与工程
	人工智能安全与治理
	智能交叉
	人工智能应用
1406 纳米科学与工程	纳米材料与化学
	纳米生物医学
	纳米物理与器件
	纳米加工制造技术
	纳米能源与环境技术、
	纳米表征与标准
1407 区域国别学	包括但不限于以下六个框架性二级学科：区域国别学理论方法、区域国别综合研究、区域国别专题研究、区域国别比较研究、中外文明交流互鉴、全球与区域治理